A, das weiß jeder,
den störksten Gegner!

DIE PETER-DUCKE-STORY

GLAUX

TLZ

Thomas Stridde

DIE PETER-DUCKE-STORY

Meine schwarze Perle

Ein Buch über Peter Ducke und Jena darf wohl mit einem Klassiker beginnen. *Schwer ist die Kunst, vergänglich ist ihr Preis*, so klagte Friedrich Schiller, der andere große Stürmer dieser Stadt, über die Sterblichkeit des Theaterruhms. *Dem Mimen flicht die Nachwelt keine Kränze ...* Daß Peter Ducke ein grandioser Fußball-Mime war, bleibt wohl allen unvergeßlich, die ihn je auf seiner grünen Bühne spielen sahen. Ebenso stimmt es, daß auch der sportliche Ruhm verweht. Dem abzuhelfen, gibt es reichlich Fußball-Bücher – freilich meist über westdeutsche Kickergeschichte.

Eine wahre Flut von Memoiren schwappte zum fünfzigsten Jahrestag des »Wunders von Bern« über die Erinnerungsgemeinde. Deutschland gegen Ungarn, das war auch mein erstes Länderspiel. Ich entsinne mich aber nur zu genau, daß die Ungarn 3:2 gewannen: am 9. Oktober 1965 gegen die DDR, im Budapester Nepstadion, das der erregte Reporter, vermutlich Wolfgang Hempel, immer wieder Hexenkessel nannte. »Achtzigtausend Magyaren wollen ihre Mannschaft siegen sehen, doch wir müssen hier gewinnen, hier in diesem Hexenkessel, wenn wir das große Ziel erreichen wollen, daß unsere Jungen nächstes Jahr nach England fahren, zur Weltmeisterschaft.« Unsere Jungen (in der damaligen »fuwo«-Diktion »deutsche Nationalmannschaft«) hießen Horst Weigang, Otto Fräßdorf, Manfred Walter, Männe Geisler, Waldi Mühlbächer, Herbert Pankau, Henning Frenzel, Kuppe Nöldner, Dieter Erler, und vorn im Sturm machten die Brüder Roland und Peter Ducke die Ungarn verrückt. Peter schoß zwei Tore und fast ein drittes dazu. Ich war neun Jahre alt, seit ein paar Monaten Jena-Fan. Peter Duckes Budapester Gala weckte in mir fußballerische Allmachtsphantasien. Dennoch reiste Ungarn zur '66er WM. Dort ging dann der Stern des Portugiesen Eusebio auf. Jedes bolzende Kind auf dem Sportplatz von Traktor Dingelstedt wollte »Ebiosebio« sein, »die schwarze Perle«. Ich nicht, ich war sogar als Torwart Peter Ducke.

Jenes Budapester Spiel ist in Thomas Striddes Buch plastisch beschrieben, wie auch manch andere unvergeßliche Ducke-Partie – der gräßliche Beinbruch 1966 in Mexiko, das mühsame, sodann triumphale Comeback, die Ajax-Spiele 1970, im selben Jahr der Hat-Trick gegen Hansa Rostock, 1972 der Doppelschlag zum 2:1-Pokalsieg über die Dresdner Dynamos, die Peter Monate später im Auswärts-

Punktspiel abermals zerlegte ... Natürlich kommt auch das Dauerthema wieder hoch: Duckes Impulsivität. Ich kehre, wenn ich Stridde lese, heim ins Dingelstedter Pfarrhaus, ich krieche fast ins elterliche Röhrenradio und lausche der »Radio-DDR-Konferenzschaltung«. Jena schlägt Lok Leipzig 3:0, wobei die Nationalspieler Ducke und Geisler nach dem Austausch sportfremder Aktivitäten schon nach zwölf Minuten duschen dürfen (beim Stand von 1:0 durch Ducke).

Dankenswerterweise liefert Thomas Stridde keine Heiligenlegende, trotz deutlicher Sympathie für seinen Helden. Peter Duckes Lebensweg hat Kurven, Gipfel und Tiefen. Duckes Charakter drückte ihm etliche Beulen in die Biographie. Politisch wurde ihm mitunter übel mitgespielt. Stridde versäumt es nicht, auch das Land und die Zeit zu schildern, in denen Peter Ducke Fußball spielte – ein Sport, den der medaillengeile DTSB-Boß Manfred Ewald zu deckeln suchte, wo er konnte. Dafür wachten die SED-Bezirksfürsten eifersüchtig über ihr Spielzeug, die Fußballklubs. Die DDR-Oberliga war die konservativste der Welt. Spielerwechsel gab es kaum. Auch diese Seßhaftigkeit hat den Ost-Fußball und seine Fans geprägt, und unser heimatförmiges Erinnern. Peter Ducke, das ist eben von A bis Z eine Jena-Legende, so wie Dixie Dörner für immer nach Dresden gehört und Jürgen Croy ewiglich Zwickauer bleiben wird. Nur Joachim Streich müssen sich Rostock und Magdeburg teilen.

Peter Ducke ist der wohl ungewöhnlichste Fußballspieler der DDR gewesen. Volkstümlicher war Achim Streich, den Georg Buschner mal einen typischen Leck-mich-am-Arsch-Fußballer nannte. Streichs abgebrühte Sturheit, die Coolness seiner lässigen Torproduktion wurde in allen Ost-Stadien geliebt, sofern man einen gegnerischen Stürmer lieben kann. Streich kickte und traf »deutsch«. Sehr anders Ducke, ein gleichsam südländischer Artist. Der »Schwarze Peter« war Virtuose, ein Fußball-Belcanto, brillant, heißblütig und in seiner Cholerik trefflich zu provozieren. Erstmals live erlebte ich Peter Ducke in Halle, im Herbst 1970. Jena kam als Meister, der HFC spielte eine starke Saison. Ein Mittwochabend war's, Flutlicht, im Kurt-Wabbel-Stadion 24 000 Menschen. Mitte der zweiten Halbzeit schoß Ducke Jenas 1:0. Fünf Minuten später führte Halle, traf die Latte, rannte unaufhörlich an. Das Stadion tobte, ich war der einsamste Mensch.

Daheim nahm Vater mir die Radioreportage auf. Das Ende höre ich noch immer, Hubert Knoblochs Verkündung: »... Ball auf Strempel, der schießt ...« – Jähe Stille. – »Tor durch Strempel! Ausgleich für Jena in der allerletzten Minute!« Ausgerechnet Strempel, der Holzmichel, erlöste mich und den FC Carl Zeiss. Das hallesche Volk explodierte vor Wut. Flaschen flogen. Der Haß galt vor allem dem Künstler, dem »Schauspieler« Ducke. Ich stahl mich in den Kabinengang und sammelte Autogramme. Georg Buschner unterschrieb auf meiner Briefkarte und sprach gelassen zu seinem Assistenten Stange: »Bernd, das da draußen ist der aufgeputschte Mob.«

Georg Buschner wird demnächst 80. Hubert Knobloch ist kürzlich gestorben, wie Wolfgang Hempel, wie nun auch Roland Ducke, Peters wohltemperierter großer Bruder. *Hier stirbt der Zauber mit dem Künstler ab*, heißt es im eingangs zitierten Prolog zu »Wallensteins Lager«. *Denn schnell und spurlos geht des Mimen Kunst, / Die wunderbare, an dem Sinn vorüber ...* – Der erinnerungsbegabte Fußball-Enthusiast möchte Schiller widersprechen. Dennoch war es hohe Zeit für dieses Buch, das so viele mündlich umlaufende Jena-Geschichten aufbewahrt. Zur Ducke-Saga gehört das Urteil, er sei auf dem Platz ein Panther gewesen, privat ein Lamm. Ganz stimmt das nicht, denn agieren muß Peter immer. 2002 besuchte ich ihn daheim, für eine Jena-Reportage. Drei Stunden großes Theater, Ducke-Dramen von Aue bis Montevideo, Flüstern und Schreien, dramatische Eloquenz. Dann legte Frau Ute ihm die Hand auf den Arm und sprach: »Peter, was du warst, einer der Größten, das wirst du wahrscheinlich nie begreifen.« Ducke, sanft: »Wahrscheinlich nicht.«

Verständlich, aber fruchtlos ist der ostdeutsche Ärger, daß die Granden des DDR-Fußballs im Westen unverdientermaßen viel weniger bekannt sind als die West-Stars bei uns. So war eben die Zeit der deutschen Teilung. Wir guckten nach Westen, der Westen auch. Peter Ducke hat es in einer gesamtdeutschen Fußball-Rangliste des 20. Jahrhunderts immerhin auf Platz 9 gebracht. Als Hans Meyer bei Borussia Mönchengladbach Trainer war, interviewte ich ihn am Bökelberg, gemeinsam mit einem West-Kollegen. Der fragte Meyer: »Möchten Sie nicht auch mal Weltstars trainieren? Figo, Beckham, Zidane?« Meyer, verständnislos: »Junger Mensch, ich hab's in Jena doch gehabt. Peter Ducke.«

Christoph Dieckmann

Spucke und Speck

Die kleine thüringische Großstadt Jena. Ein Supermarkt im Ortsteil Isserstedt. Menschen eng bei eng. Der ganz normale Einkaufswahnsinn an einem Sonnabend im Herbst 2004. Wie ein Rennpferd vorm Start fühlst du dich in der Gasse an der Kasse 21; nur hast du den Galopp nicht vor, sondern bereits hinter dir. Bloß raus, bloß weg hier und gegenüber am Stehtisch erst mal einen Entspannungskaffee trinken! Mal gelassen beobachten, wie die Leute an den Kassen es nicht packen, passendes Kleingeld oder EC-Karten – bitte flotti, flotti – aus dem Geldbeutel zu fingern.

Dein Blick bleibt an dem Mann haften. Dem da im hellen Wildledermantel, auf der Magistrale rechts außen vor den Kassen! Er ist nicht mehr ganz jung; vielleicht Mitte, Ende 50. Wie jetzt? Was jetzt? Doch, kein Zweifel, er ist's: Peter Ducke! Könntest du sein Gesicht nicht sehen, hättest du ihn an seinen berühmten Gesten erkannt: Die Finger beider Hände wie in straffen Spargelbündeln ziemlich nasenspitzennah, dirigiert er seine offenbar dramatischen Worte. Oberkörper leicht geduckt und nach vorn gestreckt, Kopf im Nacken – so deklamiert er, auf Höhe Kasse 9, gegenüber einer älteren Dame und deren mutmaßlicher Tochter. Beide Frauen lächeln. Also kriegen sie wohl nix Geschimpftes wie einstmals die Schiedsrichter! Ducke beäugt jetzt kurz-unauffällig seine Uhr, gibt sich einen Ruck. Tschüss. Drehung. Weiter.

Bei Kasse 11 läuft er fast in einen Mann hinein, der anscheinend den Kasse-9-Talk höflich abgewartet hatte. Ducke erkennt ihn, fasst sich mit der Linken ans Herz, breitet den rechten Arm erhaben wie ein König aus; dann die herzliche Umarmung. Aber er ist nicht zu bremsen. Weiter.

Bei Kasse 15 ein Ehepaar, beide Ende 30, beide in Sportklamotten. Begrüßung mit Abklatschen wie bei Volleyballern nach einem Punktgewinn. Jetzt, ja jetzt hat er es aber wirklich eilig; stürmt gleich links außen aus deinem Blickwinkel. Zwei jüngere Männer, ihn erkennend, bleiben bei Kasse 20 mit ihrem vollen Einkaufswagen stehen, strecken dem links Vorbeitänzelnden die Arme zu wie Fans in Reihe 1 hinterm Stadionzaun. Er berührt, freundlich lächelnd, die Hände.

Mein Held? Dein Held? Unser aller Held! Wer unter den Supermarkt-Besuchern kennt ihn nicht!? Und was denken diejenigen, wenn sie einen solchen Auftritt sehen? Hat hier gerade einer den Oscar eingesackt oder den Weltmeistertitel geholt? Nichts dergleichen! Ducke ist einfach Fußballer gewesen. Und was für einer! Auch wenn das alles fast 30 Jahre zurückliegt – sein Zauber wirkt nach.

Im Gegensatz zu den großen »Wessis« wie Fritz Walter oder Uwe Seeler und zu Bayern-Idolen wie Franz Beckenbauer oder Gerd Müller hat Peter Ducke keine Welt- und Europameister-Titel vorzuweisen. Dennoch wurde er als einziger Ostdeutscher im Jahr 1999 vom (westdeutschen) Fachmagazin »Kicker« unter die besten zehn »Spieler des Jahrhunderts« gewählt: Neunter hinter Beckenbauer, Walter, Müller, Seeler, Netzer, Overath & Co. Dabei ist sich Hans Meyer, einer der großen Jenaer Trainer, der zuletzt Gladbach und Hertha in der Bundesliga betreute, ganz sicher: »So ein begnadeter Fußballer wird in der falschen Zeit geboren, spielt bei der falschen Mannschaft. Spielt der bei Ajax Amsterdam, wird er ein Renner, ein Jahrhundertrenner.«

9. Rang? »Er gehört viel weiter nach vorn«, sagt die Jenaer Trainer-Legende Georg Buschner, der seinerseits als einziger Ostdeutscher in die Top-Ten der Jahrhundert-Trainer gewählt wurde. »Aber wer aus dem Osten kommt ...« Buschner schwärmt: »Peter war einer der ganz wenigen in der Welt, die fürs Auge UND (Buschner-typische Überbetonung einzelner Wörter – T. S.) produktiv spielten! Da gibt es andere Spieler, die gar nicht schön spielten. Uwe Seeler zum Beispiel. Er war ein erstklassiger Spieler, aber nur ein Schatten von Peter Ducke in technischen Belangen, in Fragen der Schönheit. Dafür aber ungeheuer produktiv. Der hat ja Tore mit der Nase und dem Hinterkopf gemacht.«

Ähnlich ordnet das Rolf Weidner ein, der in Jena 41 Jahre Stadionsprecher war: »Wenn damals der Vergleich mit Gerd Müller vom Spielerischen her gestanden hätte – also da war der Peter eindeutig der Bessere.« Oder Hilmar Ahnert, mehrere Jahre beim FC Carl Zeiss Jena Klubpräsident und Mannschaftskamerad von Ducke: »Ich will ihn nicht mit Maradona vergleichen. Aber Gerd Müller und Uwe Seeler hätten um ihren Platz in der Nationalmannschaft bangen müssen, wenn Peter Ducke in der Bundesrepublik gespielt hätte.« Sogar der Gottvater des Weltfußballs, der Brasilianer Pelé, bezeichnete Peter Ducke einmal als einen der zehn besten Stürmer seiner Zeit.

Kurzum: Die Experten wussten und wissen den Peter – um ein paar Top-Ten-Ränge wollen wir nicht streiten – richtig einzuordnen. Und das Volk? – Das sah, das sieht es zumindest in Ostdeutschland allem Anschein nach ebenso! Zuträglich war dem, dass Peter Ducke 18 Jahre ohne Unterbrechung für ein und denselben Verein kickte, für den FC Carl Zeiss Jena, der bis 1966 SC Motor hieß. Und dabei sei auch einmal gefragt: Welcher Fußballer kann schon von sich sagen, dass es über ihn einen – zumindest regional einst fest verankerten – Abzählreim gab? Und der ging so: »Peter Ducke schießt mit Spucke, schießt mit Dreck, der Ball ist weg. Weg ist er noch lange, lange nicht ...« Der Ballzauberer selbst ist Jahrzehnte später gar nicht ganz sicher: »Hieß das nicht Speck statt Dreck?«

Die Summe dieser Fakten, Duckes Verrücktheiten, seine Impulsivität, sein theatralisches Talent und sein Image des Unberechenbaren bescherten ihm eine schöne Ehrung im Alter: Bei einer repräsentativen Umfrage zur Jahrtausendwende – 23 Jahre nach seinem letzten Erstliga-Kick – wurde Peter Ducke von den Jenaern zum Sportler des Jahrhunderts gewählt. In einer Stadt mit einer unglaublich hohen Dichte von Leichtathletik-Olympiasiegern, -Welt- und -Europameistern.

Wer den Weltklassekicker Peter Ducke erlebt hat, muss einfach an ihn denken, wenn der Zauber des Fußballs in Worte gefasst wird. Mit Theater-Übervater Bernhard Minetti, der Anfang 2005 seinen 100. Geburtstag gefeiert hätte: »Der Ausdruck des Körpers in der Bewegung ist vielleicht das Hinreißendste im Fußballspiel, weil der Mensch in der Hingabe, der Besessenheit des Spiels zu höherem Zweck die berechnende Bewusstheit verliert und sich unmittelbar ausdrückt in einem höheren Sein.« Fußball und Theater, kommentiert dazu der Journalist Peter Kümmel in einem ZEIT-Artikel, trügen in sich die Unschuldsverheißung: »Das Spiel mit dem Ball und das Spiel mit der Sprache – beides sind Veranstaltungen für Narren, die an die Wahrheit des Augenblicks glauben.« Unendlich viele Augenblicke dieser Art hat Peter Ducke den Fußballfreunden beschert.

»So ein begnadeter Fußballer wird in der falschen Zeit geboren, spielt bei der falschen Mannschaft. Spielt der bei Ajax Amsterdam, wird er ein Jahrhundertrenner.« Hans Meyer

Nicht zuletzt kann ein Porträt dieses Sportlers helfen, das heutige System Fußball zu hinterfragen: Ist es gut so, wie es ist? Peter Duckes Bruder Roland – selbst einst ein Kicker der Extraklasse – antwortet darauf so: »Mir kann doch keiner sagen, dass sie heute mit Herz und Seele am Verein hängen. Die spielen, weil es Kohle gibt. Wenn einer ein gutes Spiel gemacht hat, macht er am Sonntag für Hanuta Reklame. Dafür kriegt er so viel Kohle, dass er am nächsten Wochenende nicht mehr zu spielen braucht. Doch, ja, manchmal hab ich mir schon gesagt: Du wurdest zu früh geboren! Vor allem, weil das Geld heute oft nicht den Leistungen entspricht.«

Verräter im Nebel

Die Geschichte mit dem Motorroller erzählt Udo Gräfe immer wieder gern. Gräfe ist das wandelnde Gedächtnis des FC Carl Zeiss; er hält dem Klub seit 1951 die Treue – als Zuschauer, als Spieler, später als Mannschafts- und Technischer Leiter, als Ehrenratsvorsitzender und schließlich als Autor eines zweibändigen Buches zur 100-jährigen Geschichte des Vereins. Udo Gräfe hatte sich 1959 mit dem etwa gleichaltrigen Peter Ducke angefreundet, wenige Wochen nachdem dieser aus dem heute sächsisch-anhaltinischen Schönebeck nach Jena geholt worden war. Also der Motorroller, Modell »Berlin«, 125 cm^3, 80 km/h Spitze, den sich Jung-Werkzeugmacher Gräfe auf Teilzahlung gekauft hatte. Peter hatte eines Tages die Idee, mit dem Motorroller zu zweit nach Schönebeck zu fahren und Familie Ducke im Dammweg 6 zu besuchen. 180 km über Eisenberg, Dessau, Calbe innerhalb von dreieinhalb Stunden.

Nach dem familiären Teil der Stippvisite zog es die beiden jungen Herren zum Tanz ins Schönebecker Volkshaus. Dort, berichtet Gräfe, hätten einige Schönebecker Jungs sofort ihren ehemaligen Mitspieler erkannt. Dann plötzlich ein Stimmungsumschwung: Pöbeleien, »Verräter!«-Rufe, Handgemenge. Ein Gast bedrohte Peter mit einem Messer. Im letzten Moment seien besonnene Schönebecker dem Fanatiker in den Arm gefallen. Wenig später wurde der Heimweg zu den Duckes angetreten, und am anderen Tag saßen Udo und Peter auf dem »Berlin« in Richtung Jena. Fetter Nebel, fünf Meter Sichtweite; im Schritttempo nur die Seitenstreifen als Orientierung; fünf Stunden bis Jena.

»Ja, wir waren Verräter, auf alle Fälle. Es waren doch die Schönebecker, die uns groß gemacht haben!« Roland Ducke

Peters sieben Jahre älterer Bruder Roland, der selbst in Jena zum Fußball-Denkmal wurde und lediglich nicht so extrovertiert war wie der »Kleine«, er kann diese Geschichte gut verstehen, weil er vier Jahre eher von der Elbe an die Saale gewechselt hatte: »Die Schönebecker waren sauer. Das war bei mir genauso. Wir waren Verräter. Der Kohle-Horst hin zum ASK, dem Armeesportklub in Berlin – er war der Erste, der weggegangen war. Ja, wir waren Verräter, auf alle Fälle. Es waren doch die Schönebecker, die uns groß gemacht haben. Nach ein oder zwei Jahren war das anders, wenn du in die Auswahl gekommen bist. Da überwog dann der Stolz auf uns.«

Gerhard Lemke ist nur sieben Tage jünger als Peter, seit 1954 im Schönebecker Verein und seit 2002 Fußball-Abteilungsleiter beim SSV 1861 Schönebeck. Er kann sich noch an die Stadtschulmeisterschaft erinnern, als die Schönebecker Vereinsmannschaft gegen die Karl-Liebknecht-Schule im Finale verlor; als die halbe Schulmannschaft und somit auch der Peter vom damals BSG Motor genannten Verein übernommen wurde. Lemke, der mit Peter in der A-Jugend zusammen spielte und mit ihm gemeinsam Spitzendreher lernte, erinnert sich an ein Schönebecker Netzwerk »Alles für Ducke« – was selbst den Messer schwingenden Fanatiker in ein milderes Licht taucht. Da habe es zum Beispiel den sportbegeisterten Berufsschulleiter Walter Schorn gegeben. »Der sah es als Zeichen der Werbung, wenn der Peter die Ausbildung ein bisschen zurückstellen musste, um als A-Jugendlicher mit Sondergenehmigung schon bei den Männern mitspielen zu können. Der Peter könne so ein Aushängeschild für die Lehrwerkstatt werden, sagte Schorn.«

Oder der Lehrmeister Arno Hentze. Er setzte ihn, Lemke, als Lernpaten ein, »damit der Peter besser versäumten Unterrichtsstoff nachholen konnte. Nur habe der Peter nach diesen Lernzirkeln für sich selbst wieder Zusatztrainingsstunden eingelegt. Das Fußballerische: Lemke sagt, Peter Ducke habe schon damals im Nachwuchsbereich allein Spiele entscheiden können. »Alle anderen haben 30, 40 Prozent mehr Leistung gegeben, weil sie sich an ihm aufgerichtet haben. Der war so emotionsgeladen ...« Nun ja, diese Messergeschichte. Lemke hält sie für denkbar. »Im Stadtpark, da ging es schnell mal hin und her.« Oder war die Besitzstandswahrung im schwarzen Magdeburger Börde-Boden einfach besonders tief verwachsen? Gerhard Lemke zumindest erinnert sich an einen anderen jungen Fußballer, der seinen Verein in einem nahen Dorf partout nicht verlassen und zu Schönebeck wechseln wollte. Er könne nicht, habe der gesagt; sein Großvater enterbe ihn sonst.

»Auch dieser Ball kam, typisch Ducke, so – angeflattert.«

Hilmar Ahnert

Da haben wir doch gleich noch einmal Udo und Peter vor Augen, wie sie verstört und etwas verkrampft auf dem Motorroller »Berlin« im Nebel verschwinden. Hinter der unendlich dicken Nebelbank des 1960er Septembers sollte auf Peter Ducke jedoch noch viel sportlicher Sonnenschein warten. Zum Beispiel schon wenige Wochen später, am 7. Oktober beim Pokalendspiel in Magdeburg gegen Empor Rostock, jener sportpolitisch eigentümlichen Mannschaft, die 1953 auf SED-Befehl aus dem erzgebirgischen Lauter (bei Aue) an die Ostsee verpflanzt wurde und somit als Keimzelle des späteren FC Hansa gelten darf. Das Team von der Küste führt bereits 2:0, als Peter Ducke seinen großen Auftritt hatte: In der 78. Minute erzielte er das 1:2. In der Fachzeitung »Fußballwoche« (FuWo) las sich das damals so: »Da stürmte dieses Fohlen der Jenaer 30 Meter mit dem Ball am Fuß über das Feld, und aus gut 25 Metern feuerte er ab. Heinsch im Tor des SC Empor streckte sich vergebens.« Mitspieler Hilmar Ahnert erinnert sich: »Auch dieser Ball kam, typisch Ducke, so – angeflattert. Von dem Moment an war uns

Fußballmekka Schönebeck: Die 1. Herrenmannschaft von Motor Schönebeck in der Saison 1957/58; stehend 2. v. l. Vater Ernst, 7. v. l. Bruder Roland.

klar, dass wir das noch gewinnen.« Und siehe: In der Schlussminute zog Jenas Dieter Lange auf der rechten Seite davon. FuWo: »Seine flache Eingabe erwischte wiederum der jüngere Ducke.« Dann die Verlängerung, in der Horst Kirsch zum Siegtreffer für Jena in der 110. Minute trifft. Aber lange davor, noch ehe dem »Schwarzen Peter« das »Netzwerk Schönebeck« half, an der Drehbank wie auch in Gegners Strafraum den richtigen Dreh zu finden – wo, wann, wie nur wurde die Saat gelegt für derartige Fußballgenialität?

o. l.: Im Dress der Schülermannschaft vor dem Wohnhaus in Schönebeck, 1954.

o. r.: Ein Wiedersehen mit seinem alten Freund und Mitspieler bei Motor Schönebeck, Gerhard Lemke, 2004.

u.: Volles Programm am Wochenende auf dem Schönebecker Schlackeplatz: vormittags die Schülermannschaft (1954, Peter 3. v. r.), dann Feldhandball, dann die »Erste«.

Rundes regt an

Peter Ducke wurde am 14. Oktober 1941 im Sudetenland in Bensen geboren, ganz in der Nähe von Tetschen an der Elbe, dem heutigen Decin. Heinz, Walter, Erich, Helga, Roland und als Küken der Rainer – das waren seine Geschwister. Marie, die Mutter der Ducke-Kinder, war Hausfrau, verdiente sich etwas mit Hilfsdiensten in Krankenhäusern dazu. »Sie war für uns der Nabel der Welt; ich habe immer zu ihr aufgeschaut – wie zu einer MADONNA (Ducke-typische Überbetonung einzelner Wörter – T. S.)«, erzählt Peter heute. Vater Ernst, Maler von Beruf, habe in Schichtarbeit malocht und viel mit gesundheitsschädlichen Farben zu tun gehabt. »Er war als Vater ganz schön autoritär«, sagt Peter. »Aber unsere Mutter hat da viel an Strenge rausgenommen.« Heinz und Walter, gerade 15 und 17 Jahre alt, seien knapp vor Kriegsende von Kollaborateuren an Hitlers Mobilmacher für die letzten Sturmtrupps verraten worden. Von beiden Brüdern sah und hörte die Familie nie wieder etwas.

Die Vertreibung der Duckes aus dem Sudetenland: Sich an Details zu erinnern, fällt Peter schwer. »Eine Erinnerungsmauer«, sagt er. Seine Schwester Helga, die 2003 ihren 80. Geburtstag feierte, weiß es genauer: Sie kann sich noch an den Himmel erinnern; das Rot über dem bombardierten Dresden leuchtete bis nach Bensen hinüber. »Am 28. Oktober 1945 mussten wir dann raus.« Drei Transportschiffe auf der Elbe in Richtung Hamburg, die Möbel unter Deck verladen. Übernachtungen in Pirna und Coswig. Und Schönebeck? War es eine bewusste Entscheidung der Eltern, vom Schiff zu steigen? Nein, sagt Roland, Peters sieben Jahre älterer Bruder, »das war gegeben. Zwei Dampfer sind weitergefahren nach Hamburg, und der eine hat in Schönebeck Halt gemacht: ›Alles raus!‹, hieß es da.« Helga fügt hinzu: »So richtig wollte man uns in Schönebeck nicht haben.« Deshalb landeten die Duckes zunächst im Vorort Salzelmen, lebten dort bis 1946; 27 Personen unterm Dach eines Sparkassen-Gebäudes. Roland fand rasch sportlichen Kontakt, traf einen jungen Mann von Chemie Schönebeck. Sein Blick auf die fußballerischen Wurzeln der Duckes: »Die Jugend war schon schön bis 1945. Wir haben immer neben dem Sportplatz gewohnt, auch in Tschechien. Und da hat sich das so ergeben, dass wir immer mit dem Ball gedribbelt haben. Wir haben alleine sehr viel gemacht und mit den Jungs auf der Straße gespielt. Was heute kaum noch möglich ist, das haben wir früher gemacht.«

Erste Erfolge: Die Schönebecker Schülermannschaft (Peter vorn stehend, 2. v. r.) gewinnt die Herbstmeisterschaft 1954 auf Bezirksebene.

Nach dem Umzug von Salzelmen direkt nach Schönebeck in den Dammweg fand sich die Familie in Nachbarschaft zum Ostfriedhof – und wieder zu einem Sportplatz, der Heimstätte von Motor Schönebeck. Und so wechselte Roland von Chemie zu Motor. In einer kleinen Roland-Ducke-Biographie, abgedruckt in der FuWo, Jahrgang 1968, finden sich zudem Hinweise auf günstige Fußball-Gene. Da wird erzählt von einem Paar Fußballschuhe, die schon Vater Ernst als Linksaußen in Bensen getragen und an einen der beiden später im Krieg gebliebenen Brüder vererbt habe. Mit eben diesen Schuhen durfte Ducke-Bruder Erich im Nachkriegs-Schönebeck kicken, weshalb Roland sehr gelassen blieb, wenn er von Erich fußballerisch kritisiert wurde: Der könne klug reden – mit d e n Schuhen und der entsprechenden Standfestigkeit! Zu Protokoll gab »Linksbein« Roland Ducke im Jahr 1968 auch, dass Peter schon als Fünfjähriger an alles getreten habe, was rund und beweglich war. – Zur Überraschung der Größeren mit dem rechten Bein. »Der schlägt aus der Art!«, habe der »Linksaußen«-Vater belustigt kommentiert.

Roland und Peter Ducke stellen als ältere Herren einhellig klar, der Altersunterschied zwischen beiden sei damals zu groß gewesen, als dass sie in Schönebeck gemeinsam das Straßenfußballer-Leben hätten genießen können. Roland sei für ihn sportlich immer das Vorbild gewesen, sagt Peter. »Aber damals: Roland schon in der Lehre, dann bald mit der ersten Freundin unterwegs und nicht immer daheim. Ich mit Rainer in einem Zimmer. Die Grundschule, 1. bis 4. Klasse gemischt, weil es zu wenig Kinder gab.« Wie aber kam aus seiner Sicht der Fußball über ihn? »Wir waren immer eine Sportlerfamilie. Der Vater, der Großvater, die auch geturnt und alle Ballspiele gemacht haben. Der Vater hat dieses Flinke, Schnellkräftige, Wuslige plus Statur wohl an Roland weitergegeben. Straßenfußball hieß: Wir haben auf den Elbwiesen Fußball gespielt bis zum Sonnenuntergang. Aber ich war vielseitig. Ich war im Schwimm-, im Tischtennisverein. Geturnt haben wir. Ja, ich war ja in vier, fünf verschiedenen Vereinen. Aber immer Sportarten, wo ich einen Offensivdrang ausleben konnte. Was ich machte, wollte ich immer gut, immer schneller, immer besser machen. Ach, diese Verteidigungshaltung beim Tischtennis!«, sagt Peter Ducke, macht sich beim Erzählen krumm wie ein chinesischer Champ, spielt eben kurz eine Runde Luft-Tischtennis und lautmalt zu den fiktiven Ballberührungen den Luftausstoß sportlicher Spannungsentladung: »Bahh!! Bahh!! Bahh!«.

»Der schlägt aus der Art!«

Vater Ernst Ducke

Rundes habe ihn immer auf- und angeregt. »Wir haben Löcher in den Sand und mit diesen bunten Tonkügelchen Zielmurmeln gemacht. Und da gab es diese Igelitt-Bälle, im Winter knüppelhart, im Sommer riesengroß. Oder diese Lederbälle mit den dicken Nähten – wenn du die an den Kopf gekriegt hast ... Die richtigen Schuhe hatte man auch nicht. Aber alles, was auf der Erde lag und rund aussah – wir haben nur noch gebolzt. Ich kann mich erinnern, wenn diese Straße gegen diese Straße gespielt hat, da gab es immer Beschwerden: Ach, jetzt kommt der, der gibt den Ball nie ab. Und wenn's ans Wählen ging, wollten sie für mich zwei oder drei haben. Also immer in Unterzahl gespielt. So habe ich mich dann festgebissen. Und da gab's dann ja auch schon Beobachter, als wir acht oder neun Jahre alt waren.«

Sport in der Schule? »250 Meter von uns entfernt waren das Schwimmbad, der Sportplatz. Ich brauchte nur über den Zaun zu klettern. Ich war sehr vielseitig. Willy Stadler, der Torwart von Motor Schönebeck, war gleichzeitig in der Grundschule und in der Lehre mein Sportlehrer. Gerade das Turnen, was heute viele ablehnen, kam mir wahnsinnig zugute. Barren: Oberarmstand, abrollen, die Flanke – daran hat sich nichts geändert, ich mach's heute noch vor. – Etwas in den Hüften haben: nicht in den Gegner reinlaufen, sondern auch mal ausweichen können. Das ist diese Vielseitigkeit.« Schon früh hätten sich die Späher von Motor Mitte Magdeburg sehen lassen, die mit den Stadtfarben Rot und Grün. Vater, Umfeld und Motor Schönebeck seien dagegen gewesen. Zumal: In der Bezirksliga war Motor Schönebeck ständig hinter Motor Mitte (später Aufbau und »1. FC«) Magdeburg auf dem zweiten Rang gelandet. »›Die wollen deinen Kleenen!‹, wurde da zu meinem Vater gesagt. Du als Bursche kriegtest ja nichts mit. Die sagten dir ja auch nichts.«

»Wir kleenen Burschen zwischen den singenden Männern, wenn sie gewonnen haben. ›Einen trinken wir noch, zwei heben wir noch‹, ›Freunde woll'n wir sein‹«

Peter Ducke

Für Peter blieb vorerst Schönebeck im Blick – Vorbilder waren »mein Bruder und seine Mitstreiter«. Wie war das damals mit Rolands Vorbildrolle? »Am Wochenende haben die Schüler vormittags um 10 die Vorspiele gemacht, ehe Roland mit der Ersten um zwei, um drei antrat. Zwischendurch gab's Feldhandball. Gleicher Schlackeplatz. Da hat sich alles abgespielt. Das war ein unglaublich tolles Zusammenleben. Wir kleenen Burschen zwischen den singenden Männern, wenn sie gewonnen haben. ›Einen trinken wir noch, zwei heben wir noch‹, ›Freunde woll'n wir sein‹. Solche Dinge. Das ist ins Ohr gegangen. Wenn wir Kleenen mit dem Bus oder Lkw unterwegs waren, haben wir auch solche Lieder angestimmt. Aber Männermannschaft angucken, das war für mich ein Highlight. – Was konnte Roland; was konnte ich schon? Er war der Beste in seiner Mannschaft, hatte damals schon Juniorenauswahl gespielt. Er war ein exzellenter Fußballer, Linksbeiner. Der war so stark am Ball. Mich hat das immer so fasziniert, diese Dribbelform: diese kurze Ballführung schon damals. Diese Filigrantechnik. Das war's noch, was ich wissen wollte: wie man das macht.« Kein Wunder also, dass die Leute bald aus Calbe und Förderstedt anreisten, weil es hieß: Der Peter ist noch besser als der Roland.

Viele Jahre später, im März 1967, gab die Stasi in Jena mit Blick auf Peters Jugend zu Protokoll: »Besonders schwer fiel ihm die Überwindung von falschen

Vorstellungen über seine Perspektive und einer falschen Einschätzung seiner Person, die durch eine Art Kult, welcher mit ihm in Schönebeck getrieben wurde, entstand.«

Peter glaubt heute nicht, dass ihm die ersten »Kult-Anzeichen« damals zu Kopfe gestiegen sind. »Das Räuber- und Gendarmspielen mit meinen Freunden ging weiter«, sagt er. Ebenso spielte in seiner Freizeit das Kino eine große Rolle. Die russischen Märchenfilme schaute er sich an – und vor allem Indianer- und Cowboyfilme. Im Rückblick ist sich der »Schwarze Peter« sogar recht sicher: Neben Mutters antiautoritärem Umgang mit dem Nachzüglerkind hat der »Wilde Westen« Duckes schier legendäre Wildheit befördert. »Ich bin erzogen worden wie ein Vogel in den Rocky Mountains: keine Prinzipien, keine Festlegungen.« Noch im Alter liegen dem Alt-Star die Wildwest-Wurzeln am Herzen; die Wände seines Wohnzimmers sind mit Porträts berühmter Indianer-Häuptlinge geschmückt: Sitting Bull, Little Crow ... Und im Jahr 2000 erfüllte sich Peter mit einer Rundreise durch den »Wilden Westen« der Vereinigten Staaten einen Traum.

»Ich bin erzogen worden wie ein Vogel in den Rocky Mountains: keine Prinzipien, keine Festlegungen.« Peter Ducke

Doch zurück in die Jugend: Auch die Geschlechterfrage hatte den Teenager in Schönebeck »überhaupt nicht interessiert. Echt, gar nicht! Bin da ein Spätstarter gewesen. Aber dass ich den ersten Schritt getan hatte, Mensch, die vergleichen dich mit Roland: das war wirklich mein Stolz.« Später gab es dann an Peters Vorbild-Horizont noch den Ungarn Ferenc Puskás. »Linksbeiner. Wie mein Bruder. Das waren meine Vorbilder. Ungarn gegen England, 6:3, da hab ich ihn spielen sehen. In England.« Und wie war das mit dem »Wunder von Bern«, als Deutschland Weltmeister wurde? »Ich war enttäuscht, dass die Ungarn verloren haben mit meinem Idol.« Also nichts mit Patriotismus? »Nein, um Gottes willen! Mich hat immer interessiert, wer den besseren Fußball gespielt hat.«

Fußballalltag in Schönebeck: Zweimal die Woche Training, wie das heute bei den Kleinen auch ist, sagt Peter. »Aber ich wollte bestimmte Dinge machen, die du im Verein nicht machen konntest. War mir zu einseitig. War mir zu wenig – zweimal in der Woche Training. Also: Jonglieren, Ball an die Friedhofsmauer. Rechts, links. Auf der Straße haben wir uns gefunden zu dritt, zu zweit, haben uns die Bälle zugespielt. Im Sommer nach dem Training bis zehn, elf mit dem Ball draußen, bis die Mutter rief: ›Komm rein, essen‹. Das war charakteristisch, das war nicht einmalig.« Peter war es von Anbeginn wichtig, »dass das Objekt Ball dir gehört, und der Ball nicht umgedreht mit dir macht, was er will. Dass du also den Ball behandelst, als gehörte er zu dir. Das war immer dieser Zauber. Heute ist es ja relativ oft umgedreht. Das hat natürlich Kraft gekostet: dieses ganz kurze Dribbeln, nach jedem Schritt den Ball berühren. Nach jedem Schritt! Das macht eben der Zidane, das macht der Figo. Das hat eben der Beckenbauer gemacht. Das ist Kraftfußball. Das kostet ungeheuer viel Konzentration.«

Und doch ist offenbar auch von Beginn an ein Schuss Unerklärliches, ein Schuss Magisches dabei gewesen. Roland: Von den Schülern bis zu den Junioren habe es ja damals nie im heutigen Sinne einen Trainer gegeben. »Und so war das ein Vorteil, dass wir selber [zeigt mit dem Finger an den Kopf – T.S.] etwas machen wollten. Außerdem ist es mir sehr leicht gefallen. Ich hatte es eben. Und Peter hat es auch gehabt. Wir brauchten nicht zu ackern, zu trainieren wie andere, die Probleme mit der Technik hatten. Uns ist das zugefallen. Wahrscheinlich durch den Vater.« Sehr früh, sagt Peter, sei ihm »mehr intuitiv« klar geworden, dass er sein Leben auf dem Fußball aufbauen will. Er habe sich gesagt, du musst dich zum Schulabschluss durchboxen. Er habe das als Stagnationszeit empfunden, diese drei Jahre Lehre, wie der Schwager sich abends mit ihm hinsetzte und mit ihm Mathe lernte. »Das will ich doch gar nicht, hatte ich mir gesagt, ich will kein Atomphysiker werden – aber ich musste meinen Abschluss machen.«

Zum Schulabschluss durchgeboxt: Peter (1. Reihe, 2. v. l.) 1954 mit seiner Klasse.

o. l.: Klein-Peter (1 Jahr) auf den Armen seiner Schwester Helga (11 Jahre), 1942 in Bensen.

o. r.: Vom Wilden Westen hat Peter früh geträumt – Souvenir von der Amerika-Reise im Jahr 2000.

u.: Das »Fußball-Gen« verdanken Roland und Peter Ducke ihrem Vater Ernst, hier als Spieler in Bensen in der 1. Reihe linksaußen.

o. l.: Das andere Idol (neben Sitting Bull): die ungarische Fußball-legende Ferenc Puszkás (ca. 1953).

o. r.: Die Eltern Mitte der 60er Jahre.

u: Die Geschwister Ducke in Bensen – v. l.: Walter, Erich, Roland, Heinz, Peter und Helga.

Aus dem Idiotenwinkel

Bis heute ist in Jena ein Streit nicht entschieden: Wer hat Peter Ducke nach Jena geholt? Dass Bruder Roland, seit 1956 in Jena, viel Gutes über seinen kleinen Bruder zu berichten wusste, ist einleuchtend. Rolf Weidner, der Stadion-Sprecher, erinnert sich, dass Roland Ducke in Jena immer geworben habe: »Der Kleene ist noch besser als ich.« Klar auch, dass Peters außergewöhnliches Talent sich bis zu den Nachwuchsexperten im Saaletal herumgesprochen hatte. Aber das Wer und Wie liegt im Dunklen.

Peter Ducke selbst berichtet, wie er – war's 1957 oder 1958? – mit einer Magdeburgischen B-Jugendauswahl gegen Jena spielte. Die Überschrift »Der Kleene ist besser« habe über jenem Match gestanden. »Und dann habe ich ein ganz normales Spiel gemacht, nein, gewiss nicht überragend.« Anschließend seien bei den Jenaern Worte gefallen wie: Davon haben wir doch vier oder fünf in Jena selber. »Die haben vielleicht gedacht, jetzt kommt ein Pelé oder so. Der ist nicht gut genug. – Das kriegten natürlich Vater und Mutter mit: ›Einen habt ihr schon, den bekommt ihr nicht!‹, hieß es da. Anschließend hörten wir eine Weile nichts mehr, bis ich in der Bezirksauswahl Magdeburg Furore machte. Motor/Mitte wollte mich also haben; die waren oft bei den Eltern. Es hatte sich dann doch wieder bis nach Jena rumgesprochen, dass der Armeesportklub Vorwärts Berlin und Magdeburg an mir dran sind. Eines Abends – hatte gerade ausgelernt – standen Georg Buschner und noch zwei, drei Leute aus Jena bei uns vor der Tür. Ich kam aus dem Kino – wie so oft. Es war halb zehn. Ganze Bude voll. Meine Mutter sagte: ›Die nehmen dich nicht mit; das hab ich denen alles schon gesagt.‹ – Buschner erzählte, er wolle die Mischung ›erfahren und ganz jung‹ haben. Und hatte Mutter auch eine kleine monatliche Unterstützung zugesagt. Kleine Art Abfindung, 50 oder 80 Mark pro Monat. Ja, die Abnabelung war für mich ganz schön happig.«

Hans-Georg Moldenhauer, aus Magdeburg stammender DDR-Torwart der Extraklasse, nach der »Wende« Chef des Nordostdeutschen Fußballverbandes und DFB-Vizepräsident, er schaut auf das Tauziehen um Peter Ducke so zurück: »Das war in Magdeburg zu partiell betrachtet worden. Die haben nicht genug nach Schönebeck geguckt. Die haben das versäumt. Ich hatte nicht gespürt, dass man das unbedingt gewollt hatte in Magdeburg. Man hat es dann bedauert, das weiß

Roland Ducke auf den Schultern begeisterter Fans nach dem 3:2 Sieg im FDGB-Pokalfinale 1960 gegen den SC Empor Rostock.

ich. Mit Sicherheit hat sich aber keiner so energisch um Peter Ducke gekümmert. Es ging ja auch um finanzielle Dinge. Und da war man in Jena schon weiter. Es ist schon ein Name da gewesen. Kraft seines Talentes ging Peter eben dorthin. War ja schon ein halbes Jahr später Nationalspieler. Und ob er das in Magdeburg so schnell geworden wäre, ist zu bezweifeln.«

Gewichtig an dieser Stelle auch das Wort von Walter Jahn. Er war über Jahrzehnte Nachwuchsleiter beim Jenaer Klub (und ist der Vater des bekannten DDR-Bürgerrechtlers Roland Jahn, der sich später als TV-Journalist im Magazin »Kontraste« einen Namen machte): »›Schorsch‹ Buschner hat ja immer geschrieben, er sei vorab schon zwanzigmal in Schönebeck gewesen. Nach meiner Meinung war der nicht einmal dort, das ist aber Buschners Art. Wir spielten dazumal als Bezirksauswahl Gera gegen Magdeburg in Burg. Und unsere erste Frage, als wir dort ankamen, war: ›Spielt Peter Ducke?‹ Antwort von Trainer Rudath: ›Den ham wer rausgeschmissen.‹ Keine Begründung. Wir wieder nach Jena. Hab sofort mit Rolanden gesprochen. Roland ist dann die nächste Woche nach Schönebeck gefahren, hat mit der Familie gesprochen, ob Peter nicht nach Jena kommen kann. Da hat alles gepasst.« Innerhalb von 14 Tagen war er dann in Jena beim SC »Motor«. Damals war Jena das Leistungszentrum der Sportvereinigung Motor. »Wir haben ihn sofort in der Bezirksauswahl Gera spielen lassen – da gab's damals keine Sperren«, sagt Walter Jahn. »Wir machten das große Sichtungsturnier in Meiningen. Bezirke Gera, Suhl, Erfurt. Schon da hatten wir Peter Ducke mit drinne. Er spielte natürlich in Meiningen hervorragend. Und so kam er noch in die UEFA-Auswahl. Kurzfristig nach der Meininger Geschichte. Deshalb auch seine Teilnahme am UEFA-Turnier in Österreich 1960, sein erster internationaler Auftritt. Das war natürlich ein Sprungbrett nach oben für ihn.«

Sein erstes Spiel im Jenaer Stadion erlebte Peter Ducke 1959 etwas erhöht: im Ansageturm neben Rolf Weidner. Der stellvertretende Klubvorsitzende hatte den Jung-Star neben den Stadionsprecher platziert, um ihn – so erinnert sich Weidner an die Begründung – von der Tribüne, von der Öffentlichkeit abzuschirmen. Zunächst bestritt Peter dann vier Spiele in der Oberliga-Reservemannschaft, ehe er noch vor der Österreich-Fahrt beim Freundschaftsspiel Magdeburg gegen Jena (1:0) am 6. Dezember 1959 sein erstes Match in der »Ersten« spielen durfte. Am 8. Mai 1960 absolvierte Peter Ducke sein erstes Oberliga-Punktspiel für den SC Motor Jena gegen Aufbau Magdeburg (3:5). Er war in der 59. Minute eingewechselt worden.

Ein wenig anders beschreibt Georg Buschner diese Geschichte: Walter Jahn? – »Der hatte gar nichts damit zu tun. Ich hatte es alleine gemacht.« Wie genau? »Ganz einfache Sache. Ich kannte aus dem DDR-Fußball heraus die Leistungen der Junioren-Mannschaften. Sicher kann der Walter Jahn da auch mal etwas gehört haben. Roland war schon drei Jahre hier. Ich ihn gefragt: Roland, wie ist das denn mit deinem Kleinen? Er: ›Da ist Vorwärts Berlin dran.‹ Und Vorwärts hatte einen sehr langen Arm. So hab ich über Roland den Kontakt zur Familie bekommen. Nach jedem Punktspiel, ob in Rostock, Stendal, Magdeburg, bin ich in Schönebeck bei der Familie Ducke vorbeigefahren. Anfangs mit Roland. Und so ist es mir – durch gute Argumente – gelungen, ihn aus den Klauen von Vorwärts Berlin zu befreien. Und Vorwärts war sich sicher, dass sie ihn bekommen, weil sie den langen Arm hatten. Sie hatten ihn geködert mit Prämien zum Beispiel. Aber das hat der Peter mit 17 damals erkannt, dass er hier eine sportliche Chance hat, dass er hier aufgebaut wird, dass er hier etwas werden kann. Unterbringung, Finanzierung, das war allerdings alles gaaanz problematisch. Ist ja zum Totlachen, was die damals bekommen haben.«

Peter Duckes erste Zeit in Jena. Eine gute Akklimatisierung ermöglichte ihm sein Bruder: Peter lebte zunächst sechs Monate mit in der Georg-Schumann-Straße 56, in der Wohnung von Roland und dessen Schönebecker Freundin Hilde. In diesem halben Jahr erzeugte der Jenaer Verein für Peter auch noch den Anschein des »Halbprofitums«: Werktags musste er sich von 8 bis 12 im Zeiss-Hauptwerk sehen lassen, »wo diese Mechaniker-Drehmaschinen standen«. Nachmittags dann Training. »Ich habe damals schon gespart; 700, 800 Mark hast du da monatlich bekommen«, erzählt Peter. »Ich brauchte doch kein Geld. Das Sparbuch führte meine Schwägerin Hilde für mich. 18 000 Mark hatte ich drauf – später, 1963, bei der Geburt meines ersten Sohnes Jens.«

Nach dem halben Jahr Unterkunft beim Bruder zog Peter ins Sportlerinternat in die Jenaer Westbahnhofstraße: »Leichtathleten, Tischtennisspieler, Fußballer – wir waren eine Sippe, eine Gilde.« Mädchen? – »Ich hatte noch nicht diesen Drang.« Udo Gräfe, der Mann mit dem Motorroller, bestätigt das: »Genauso war's.« Er erinnert sich an den Direktor der Jenaer Südschule. Dessen beide Töchter hätten er und Peter mehrmals in der Hermann-Löns-Straße aufgesucht. »Wir haben da nur rumpalavert.« Mit Rolf Beilschmidt, dem späteren Hochsprung-Star, so sagt Peter, sei er in seiner Freizeit mitgelaufen. »Mal hingesetzt und geguckt. Hässliche Burschen waren wir auch nicht. Aber ich war ganz zauderhaft, war natürlich auch mal ausgegangen mit Mädels, hab mir aber immer gesagt: Hoffentlich machste jetzt nichts falsch, wenn de mal so rangehst und ein zartes Küsschen gibst. Die andern hatten da schon zusammen im Nest gelegen und Dinger abgezogen. Ich hatte eben ein super Familienleben in Schönebeck. ›So willst du das auch haben‹, dachte ich mir. Ich hatte richtig ernsthaft den Aufbau einer eigener Familie im Blick. Deshalb das Sparen.«

»Erst dreimal der Vorwurf, den hättest Du abspielen müssen. Und das war dann alles aufgehoben, weil er einmal wieder aus einem Idiotenwinkel getroffen hatte.« Peter Palitzsch

Kontakt mit dem »normalen« Jenaer Leben? Oft habe er sich weiter beim Bruder aufgehalten. »Angenommen hatten sich meiner damals auch so ein bisschen die älteren Spieler und deren Frauen, Irma zum Beispiel, die Frau von Horst

Kirsch, oder die Frau von Torwart Wolfgang Brünner. Und vor allem Sonja Buschner – bis zum heutigen Tag.« Sonja Buschner, die Ehefrau des Trainers dazu: »Bei uns war alles anders. Die Mannschaft war eine Mannschaft. Wenn die im Trainingslager waren, war ich mit Frauen und Kindern an der Ostsee im Urlaub. Sie kennen ja den Peter: Er kam damals offen auf uns zu. Und wir haben uns um ihn gekümmert; der war ja erst 18, musste sich gegen Ältere durchsetzen. Und da hat er vielleicht auch manchmal ein bisschen Zuspruch gebraucht. Außer dem Roland hat er ja niemanden gehabt. Die anderen, Wolfgang Blochwitz zum Beispiel [der aus Magdeburg nach Jena gewechselte spätere Nationaltorwart – T.S.], die brachten ihre Frauen mit.« Diese »Betreuerinnen«, sagt Peter, hätten ihn »frühzeitig als Verrückten kennen gelernt: Vulkan auf dem Platz, danach total das Gegensätzliche. Wie Tag und Nacht. Sonne geht unter: Ruhe. Sonne geht auf: Pffuhhh!, das Leben beginnt.«

Wie er das Prominentsein in den ersten Jahren zu spüren bekam? – »Ganz kolossal! Auswärts bei Spitzenmannschaften, egal wo, stürzten sich, wenn wir aus dem Bus ausstiegen, immer gleich die Leute auf uns: Wo waren sie denn – Ducke I und Ducke II? Und in Jena am Spieltag: Da waren die Straßen so voll! Ich bin dann aus dem Internat raus mit meiner Tasche. So zwei Stunden vorher. Raus aus der Tür. Mitten unter die Leute, die vom Westbahnhof zum Spiel geströmt kamen. Das war der Kick; das war eine Stimulation. Da brauchst du keinen Motivator, Psychologen, Pädagogen. Unglaublich, wo die überall herkamen: aus dem Kyffhäuser, aus dem Thüringer Wald. Und riefen: ›Und heute wollen wir wieder was sehen, Peter!‹ – Unglaublich! Wahnsinn! Und das alle 14 Tage. Immer das Gleiche. Autogramme auf Bierdeckeln, auf Rechnungen. Das war so etwas zum Anfassen. Das wollte ich ja auch.«

Kein Wunder all dies, zumal nicht nur die Punkt-, sondern auch die ersten Länderspiele Peters Wunderstürmer-Aura stärken halfen. Das DDR-Nationaldress durfte Peter erstmals am 30. Oktober 1960 in Rostock beim Vergleich mit Finnland überstreifen; Roland stand ebenfalls im Aufgebot. 5:1 hieß es am Ende, und Peter erzielte mit dem 3:0 sein erstes Länderspieltor. Oder sein zwölftes Länderspiel am 31. März 1963 im Prager Strahov-Stadion vor 40000 Zuschauern. Da gelang ihm in der 85. Minute das Ausgleichstor – und was für eins! Rolf Weidner, der Stadion-Sprecher, damals mit in Prag vor Ort, erinnert sich: »31. März, mein Geburtstag. Rechtsaußen von der Grundlinie, kann man sagen. Er hat den Ball so angeschnitten, dass er ins kurze Eck reingegangen ist.« Derlei Szenen meint wahrscheinlich Peter Palitzsch, seit über 50 Jahren als Jenaer Fußballreporter unterwegs, wenn er über Peter Ducke sagt: »Erst dreimal der Vorwurf, den hättest Du abspielen müssen. Und das war dann alles aufgehoben, weil er einmal wieder aus einem Idiotenwinkel getroffen hatte.«

In Magdeburg kann 1960 mit dem Gewinn des FDGB-Pokals der erste große Triumph auf nationaler Ebene gefeiert werden (vorn links Roland und Peter Ducke).

S. 30 o.: Wiedersehen nach 40 Jahren: die erfolgreiche Pokalsiegermannschaft von 1960 (hinten rechts Peter Ducke).

u. l.: Die Pokalsiegermannschaft 1960 vor der Jenaer »Muskelkirche«, dem Hauptgebäude der Sportwissenschaftlichen Fakultät der FSU Jena.

u. r.: Masseur Hans Geßner (rechts) und der langjährige Stadionsprecher Rolf Weidner betreuen Peter Ducke nach einer Verletzung im FDGB-Pokalfinale 1960.

S. 31 o.: Die Jenaer Fans halten ihrer Mannschaft seit Jahrzehnten die Treue – hier beim Heimspiel gegen Athletico Madrid im Europapokal der Pokalsieger 1961.

u.: Eine Ost-West-Vereinigung gab es 1960 wenigstens bei den Fußball-Juniorenmannschaften: Die DDR-A-Junioren und ihre BRD-Gegner beim UEFA-Turnier. Viele Spieler aus dieser Mannschaft entwickelten sich zu Spitzenfußballern, z. B. Georg »Molli« Moldenhauer (SC Aufbau Magdeburg, 4. v.l. stehend), A. Zerbe (Lok Leipzig, 5. v.l. stehend), H. Panken (SC Empor Rostock, 6. v.l. stehend), »Hoppi« Kuralle (Borussia Dortmund) und – last but not least – Peter Ducke (9. v. l. stehend).

o: Die Brüder Roland und Peter beim Kopfballtraining, Jena 1960.

u.: DDR-Nationalmannschaft (Peter Ducke hinten, 2. v. l.) nach einem 1:1 gegen die ČSSR in Prag, 1962.

o. l.: Peter Ducke mit Jürgen Nöldner 1960 in der Sportschule Kienbaum während der Vorbereitung auf das Länderspiel gegen Finnland in Rostock.

o. r.: Der Kicker-Journalist Jürgen Nöldner zu Besuch bei Peter (2002).

u.: Die DDR-Nationalmannschaft nach dem Finnland-Spiel, 1960.

Der Trainer, ein Sonnengott

Der Mann ruht in sich. Wie gelingt es ihm, auf seinen zum Sitzriesentum neigenden Gesprächspartner anscheinend noch herabzuschauen? Wahrscheinlich mit dieser leicht taxierenden Kopf-im-Nacken-Haltung: Was willst du; bist du jemand mit Sachverstand? Er verhehlt aber auch nicht die selbstbewusste Sicht auf sein Lebenswerk: Georg Buschner, Jahrgang 1925, gebürtiger Geraer, Vater zweier Söhne. Er resümiert: »Ich war der, der Erfolge nachweisen konnte.«

Nach dem Sport/Geschichte-Studium in Jena als Hochschullehrer angestellt, absolvierte er zwischen 1952 und 1958 als Kicker beim Jenaer Klub 153 Pflichtspiele. Er habe »ganz solide Leistungen als Verteidiger, nicht als Spieler« abgeliefert, soll Buschner selbst einmal über sich gesagt haben. Immerhin brachte er es auf sechs Länderspiele für die DDR. Seine ganz großen Erfolge landete er aber später: Er wurde mit dem FCCZ als Trainer dreimal Meister, sechsmal Vize und einmal Pokalsieger; er holte mit der Auswahl 1976 in Montreal den Olympiasieg und 1972 in München Olympia-Bronze. Und: In 40 Jahren DDR war er der einzige Nationalcoach, der eine ostdeutsche Auswahl bis in eine WM-Endrunde zu führen vermochte (1974 in der Bundesrepublik Deutschland).

Der langjährige Jenaer Nachwuchsleiter Walter Jahn will diese Bilanz dennoch relativiert wissen: »Ich möchte sagen, Peter Ducke hat den Jenaer Fußball wirklich zu Ruhm gebracht. Selbst Schorsch Buschner steht da hinter Peter Ducke. Früher war Buschner ein Mensch, der für sich die Brust rausgedrückt hat. Er lässt heute Peter Ducke ins vordere Glied rücken, wenn es sein muss. – Warum? Weil Peter den Buschner mit groß gemacht hat.« Grundsätzlich widerspricht der große Coach dem auch nicht. »Ich fahre viel in der Welt herum, werde viel gefragt, ob das auf Gran Canaria oder in Spanien ist. Und wenn ich genauer gefragt werde, werde ich zuerst nach Peter Ducke gefragt. Es gab aber nie einen berühmten Trainer auf der Welt, der nicht erstklassige Spieler hatte. Und Peter Ducke war ein erstklassiger Spieler.«

Peter Ducke selbst ist geneigt, Walter Jahns Einwurf umzukehren. – Motto: Was wäre ich ohne Georg Buschner geworden? »Das, was bei den Azteken der Sonnengott war, das war Georg Buschner für mich, für den Jenaer Fußball überhaupt«, sagt Peter. Zumal Buschner seine Privatsphäre eigentlich von niemandem habe durchbrechen lassen: »An der Haustür war Schluss. Die Älteren hatten zu

»Sonnengott« Buschner 1999 bei der Ehrung von Peter Ducke als Jenaer Sportler des Jahrhunderts. Der lange Zeit von Buschner trainierte FCCZ wurde gleichzeitig als Mannschaft des Jahrhunderts geehrt.

mir gesagt: ›An den kommst du nicht ran.‹ Für Bla-Bla war er auch nicht zu sprechen. Aber ich durfte rein. Er gab eine Stunde Zeit vor – dann waren es zwei. Er hat mich wie seinen dritten Sohn behandelt.« Buschners Ruhm freilich war von Anbeginn gut fundamentiert – schon wegen seines Trainer-Einstandes mit Paukenschlag. Duckes Stürmer-Kollege Dieter Lange erinnert sich bestens daran, weil er, Lange, selbst in jenem Spiel erstmals für die »Erste« auflaufen durfte. – Die Jenaer waren 1958, noch mit dem Spieler Buschner, auf Tournee in der Sowjetunion unterwegs.

Beim Punktspielvergleich direkt nach der Reise beim Berliner Stasi-Klub SC Dynamo (dem späteren BFC) folgte Buschners Premiere als Trainer. »Mehrere Spieler kamen angeschlagen aus der Sowjetunion zurück, und so kam ich zu meinem ersten Einsatz«, erinnert sich Dieter Lange, der beim 1:2 in Berlin auch sein Tor Nr. 1 für den Klub erzielte. Der Paukenschlag: Beim Zusammenprall mit dem Jenaer Günter Rahm hatte sich der Berliner Hannes Matzen das Bein gebrochen. Nach dem Match tauchte ein kleiner, wütender Herr in der Kabine der Jenaer auf – Erich Mielke, der später so gefürchtete Minister für Staatssicherheit, der bis zu seinem Amtsabtritt 1989 als Förderer des BFC und der aus zwei Teams bestehenden DDR-Eishockey-Oberliga agierte. Dieter Lange: »Der redete etwas von vorsätzlichem Foul. Gab ein mächtiges Theater. Das war schon toll, wie Schorsch dem Paroli geboten hat.« Hilmar Ahnert erinnert sich an diesen Mielke-Wortlaut: »Welches Schwein hat dem Matzen das Bein gebrochen?« Seit jenem Spiel habe Buschner im Übrigen darauf gedrungen, dass auch seine bisherigen Mannschaftskameraden ihn mit »Sie« ansprechen. Genüsslich beschreibt Georg Buschner heute die Szene mit dem späteren Stasi-Vormann: »Ich zu Mielke: Wenn Sie nicht sofort aus der Kabine verschwinden, lass ich Sie durch die Spieler rausschmeißen! Ich kann für nichts garantieren.« Mielke musste murrend weichen.

Mehr als das »Standing« im Ringen mit den DDR-Oberen prägte die neue Trainingsmethodik den Ruf von Schorsch Buschner. Beschreibung aus Sicht von Dieter Lange: »Das war damals schon ein ganz schöner Schnitt. Schorsch fing dann an, das über die Athletik zu machen; der war ja selbst nicht der begnadete Techniker. Damals hatten wir dreimal am Tag Training. Da waren Trainingsmethoden – da würden die heute auf Knien gehen. Bis auf zwei, drei Mann konnten alle von uns den Salto vorwärts ohne Hilfestellung. Da waren Übungen dabei, da waren sie für den ganzen Tag fix und fertig. Sie standen meinetwegen mit dem Rücken sieben, acht Meter schräg zum Tor. Er stand vier, fünf Meter weiter weg. Hatte 20 Bälle und warf ihnen den Ball auf Brusthöhe zu; wir mussten so eine Art Seitfallzieher aufs Tor machen. Da kamen 30, 40 Bälle. Und zum Schluss noch mal so ein Gewaltakt: Er sagte, von den nächsten zehn Bällen müssen mindestens noch drei aufs Tor. Das war schier unmöglich. Wir standen mit solchen Muskeln und waren für den ganzen Tag fix und fertig. Er hatte ganz gemeine Trainingsmethoden.«

»Buschner war ein bissiger, aber nicht verbissener Sportlehrer, Pädagoge, Trainer«, sagt Peter. »Er war auch in seiner Art des Trainer-Seins einer, der sich um alles gekümmert hat. Auch nach dem Training. Er hat minutiös den Tagesablauf seiner Oberligamannschaft eingeteilt: was wie gemacht wird. Dazu die ganz neuen Trainingsmethoden, die er mit seinen Assistenten erarbeitet hat.« – Neue Spielformen wie etwa Basketball, um das noch schnellere Umschalten von Abwehr auf Angriff zu trainieren; viel Turnerisches, um andere Bewegungseigenschaften zu lernen; Rugby wegen der Oberkörperhärte; Medizinball-Jonglieren zur Fußstärkung: Peter Ducke zählt all dies mit viel Respekt auf. »Danach waren wir fertig. Aber die Zeit ist für uns gelaufen. Schon nach einigen Wochen war alles gestärkt. Das hat man richtig gespürt. Man hat sich da wohl gefühlt.« Den Vorwurf der zu starken Betonung des Athletischen weist Peter Ducke zurück. »Hüftoperationen mussten später auch andere über sich ergehen lassen, die nicht Fußball gespielt haben.«

Die »kleine Provinzstadt« sei vorübergehend das Mekka des Fußballs gewesen, sagt Buschner stolz, weil er als einziger diese Grundauffassung umgesetzt habe: Fußball kann man nur dann gut trainieren und spielen, wenn man absolut stabile physische Grundlagen hat. »Das ist das Allererste. Wer schlapp, müde und sensibel ist, der kann auch nicht trainieren.« Wo hier die Erwärmung fertig war, sei in Zwickau das Training bereits beendet gewesen, habe der aus der Trabant-Stadt nach Jena gewechselte Harald Irmscher einmal gesagt. »Körperliche Fitness hebt das Selbstvertrauen, ist auch die Grundlage für psychische Stärke. Da gehörte Skisport dazu, Gymnastik, Akrobatik.« Akzeptiert habe er einzig den Einwand von Arthur Linz, Trainer des Jenaer Stabhochsprung-Olympiasiegers Wolfgang Nordwig. Linz habe zu ihm einmal gesagt: Musst dir überlegen, dass man dabei nicht die Eleganz, die Beweglichkeit verliert. »Bei Peter Ducke war es in der Tat wichtig zu beachten, dass du aus ihm keinen Kraftprotz machst. Aber ein gesunder Mensch, der nicht andauernd gegen seinen Körper kämpfen muss, der kann sich auf das Spiel konzentrieren, der hat den Blick frei. Das wurde in vielen Sportarten so gemacht. Wir waren im Fußball die Einzigen. In der Kleinststadt Jena.«

»Wenn Sie nicht sofort aus der Kabine verschwinden, lass ich Sie durch die Spieler rausschmeißen!«

Georg Buschner zu Erich Mielke

Überdies, bitte schön, sei er »in Europa dafür bekannt, dass ich immer junge Leute eingesetzt habe, ihnen Chancen gab. Nicht nur mit Redensarten. Die wurden direkt von mir übernommen.« Dafür steht Peter Ducke selbst als Beispiel, der, kaum 19-jährig, seinen ersten Oberliga-Einsatz hatte, nachdem von Buschner kurz zuvor »junge Wilde« wie Hans Graupe, Heinz Marx und Dieter Lange integriert worden waren. Oder das spektakuläre Beispiel Konrad Weise (Jahrgang 1951), der später 419 Mal das Jenaer Dress trug und 1976 mit der Auswahl Olympiasieger wurde. »Konny« erhielt 1970 als 18-Jähriger von Buschner, damals schon Nationaltrainer, seine erste Berufung für ein Länderspiel, ohne zuvor ein

Oberliga-Spiel für den FC Carl Zeiss bestritten zu haben. In diesem für ihn 27. Länderspiel erzielte Peter Ducke zwei Treffer, indes »Konny«, der Verteidiger, in jenem Match gegen den Irak sein einziges Tor machte, das bei ihm nach insgesamt 86 Länderspielen zu Buche steht. Rolf Weidner, der Stadionsprecher, erinnert sich an das Spiel in Jena wegen einer Randerscheinung – wegen eines orientalischen Temperamentsausbruchs. Vielleicht kam er im Gespräch drauf, weil wir über den Temperamentsvulkan Peter Ducke zu reden hatten ... »Das war doch die Sache, als der Iraker drüben an der Weitsprunggrube den Absprungbalken rausreißen und auf einen Gegenspieler los wollte. Hatt'n aber nicht 'nausgekriegt.«

Peter Ducke und Georg Buschner: Ja, das sei eine »Vater-Sohn-Beziehung« gewesen, sagt Lothar Kurbjuweit, Jahrgang 1950, von 1970 bis 1983 Spieler in Jena, 66 Mal in der A-Auswahl, Olympiasieger. »In dieser Kampfmannschaft, die Georg Buschner aufgebaut hat, setzten Peter und Roland Ducke und Harald Irmscher die fußballerischen Highlights. Ohne einen Peter Ducke da vorn drin wäre das Spiel, das da über Jahre aufgezogen wurde, mit Sicherheit qualitativ schlechter gewesen. Es war auch insgesamt diese gegenseitige Achtung, die Peter Ducke und Georg Buschner vorangetrieben hat.« Peter Ducke bekennt, Buschner habe ihn charakterlich geformt. »Ich wurde oft unverschämt. – Bemerkungen wie ›Hast mir gar nichts zu sagen!‹ sind mir rausgerutscht. Ich war nicht empfänglich für Kritik.« Setzte er zum Beispiel als Stürmer mal nicht nach, habe Buschner mit der 1000-Meter-Lauf-Strafe gedroht. »Der hat mich gereizt, der wollte – wahrscheinlich – feststellen, weshalb ich immer so explodiere. Er fragte sich wohl: Was ist in dem los?«

Buschner erklärt das heute so: »Wenn Peter irgendwas macht im Sport, dann macht er es richtig. Dann ist er mit Herz und Seele dabei.« Ja, Peter Ducke sei bei ihm »drei, vier Mal« aus dem Training rausgeflogen. »Aber ich habe ihn nicht gesperrt, bin doch kein Idiot. Schneide mich doch nicht selbst in den Finger. Er hat aber ein Extraprogramm machen müssen, was viel härter war und unangenehmer. Eines Tages hatte ich mit dem keine Probleme mehr. Auch im Training nicht.«

Abgestrempelt

Das »Extraprogramm«. – Wichtiger Bestandteil dieses Kapitels jener »Vater-Sohn-Geschichte« ist Michael Strempel. Den später 15-fachen Nationalspieler holte Georg Buschner im Sommer 1967 von Wismut Gera nach Jena. Der aus dem Brandenburgischen Übigau stammende Strempel ist als wohl härteste Verteidiger in die DDR-Fußballgeschichte eingegangen. Lothar Kurbjuweit beschreibt seinen Verteidiger-Kollegen an einem Beispiel: »Ich kann mich an das Länderspiel in Rostock gegen Polen (6. September 1970/5:0 – Anm. des Autors) erinnern. Strempel spielte gegen den berühmten Lubanski, der damals schon in Belgien einen Vertrag hatte. Der Micha hat den in seinem ersten Zweikampf durch die Luft gejagt – ich glaube, der lag waagerecht in der Luft. Der ist auch nie wieder zu einem Spiel gekommen, in dem der Micha dabei war.«

Dieser Strempel, den Wismut Gera 1967 gar nicht gen Jena ziehen lassen wollte, als Zuchtmeister für das Stürmergenie Peter Ducke? Michael Strempel wiegt im Rückblick den Kopf. Nun ja, er denke, er habe diese Rolle zumindest auch für Harald Irmscher spielen dürfen, der nach Georg Buschners Darstellung ob der technischen Brillanz und der körperlichen Sanftheit nach einer Tänzerin La Jana gerufen wurde. Aber natürlich, der Peter, der sei für ihn eine wichtige Größe im Training gewesen. »Wenn es nicht gelungen war, ihn schon bei der Ballannahme zu stören, konnte man sehr schnell Probleme bekommen. Also war es mein Bestreben, ihn schon bei der Ballannahme zu stören. Logischerweise gibt's da auch mal Körperkontakt. Und das war ihm nicht so sehr angenehm. Also auch kleine Hakeleien zwischen uns – klar. Aber das hat sich dann schnell abgestellt. Als er gesehen hat, auf Strempel ist Verlass in der Abwehr, gab ihm das in den Spielen noch mehr Sicherheit, beruhigt anzugreifen. Ja, Einstecken ist schwieriger als Austeilen. Und das muss man natürlich auch mal im Training üben.

»Er war genauso beseelt – er konnte nicht verlieren. Ich kann heute noch nicht verlieren. Jede Niederlage ist eine zu viel.« Michael Strempel

Bei bestimmten Trainingsformen hat uns der Trainer halt gegeneinander gestellt. Da gab es das berühmte Spiel über zehn Stationen ohne Tore: acht Mann gegen acht Mann. Innerhalb der Mannschaft musste der Ball zehnmal zugespielt werden, ohne dass der Gegner ihn berührt. Dann gab's einen Punkt. Abwehr, Angriff, sich lösen vom Mann, freilaufen, decken – da war alles dabei. Immer wenn die anderen im Ballbesitz waren, musste ich an ihm dran sein. Da waren eben auch Paare zusammengestellt. Ansonsten: Bei Trainingsspielen zu der Zeit damals, da konnte kaum einer mal verlieren. Der Peter nicht und ich genauso wenig. Da war es eben wichtig, Zweikämpfe zu gewinnen. Da hat sich bis heute nichts geändert. Wer die meisten Zweikämpfe gewinnt, gewinnt in der Regel auch die Spiele. Ihm wäre es natürlich lieber gewesen, wenn er da hätte zaubern können im Training. Aber das hat ihm, denke ich, geholfen. Wenn er dauernd durchgelaufen ist, habe ich Feuer vom Trainer gekriegt, und wenn er dauernd hängen geblieben ist bei mir, hat er gewissen Druck bekommen. Peter Ducke konnte man nicht immer stilllegen, weil er so viele Einfälle hatte. Er war für den Gegner nicht auszurechnen; ach, er hatte so herrliche Finten drin. Mir hat das sehr viel gegeben, vor allem in der Hinsicht, dass ich ständig voll konzentriert sein musste, um ihn stören zu können.«

Hat Peter Ducke womöglich eine gewisse Distanz zum harten Michael Strempel gewahrt? – »Das hat er nie so gesagt. Ich vermute aber, dass es so war. Ich musste leider den unangenehmen Part spielen. Ließ sich eben nicht vermeiden, dass ich ihn berührt oder getroffen habe. Also vielleicht eine gewisse Distanz, aber keine deutliche. Denn: Er war genauso beseelt – er konnte nicht verlieren. Ich kann heute noch nicht verlieren. Jede Niederlage ist eine zu viel. Deswegen hat Buschner Spieler, die so denken, um sich geschart. Wenn meine Frau nur aus dem Fenster gesehen hat, konnte sie schon erkennen: Oh, heute hat er verloren – im Training. So war das drin. Es waren genügend Spieler da, die so dachten. In der Mannschaft stimmte die Mischung ›spielerisch – kämpferisch‹, ›jung – alt‹; das Wir-Gefühl war ausgeprägt.« Schorsch Buschner fasst zusammen: »Wenn den Peter einer im Training getreten hat, hat ihm das sehr viel genützt für die Spiele. Und: Er hat ja auch viel reklamiert, weil er gern ein Schauspieler war. Dabei war er ein ganz, ganz fairer Spieler. Der konnte gar nicht holzen.«

Nur selten blieb Ducke (Mitte) hinter Strempel zurück – hier bei einem Ausritt während eines Trainingslagers Ende der 60er Jahre, links Jürgen Werner.

S. 41: Vom Dresdner Siegmar Wätzlich nicht zu halten (Anfang der 70er Jahre).

Während eines Trainingslagers der Nationalmannschaft in Kienbaum Anfang der 60er Jahre, rechts Trainer Karoly Soos.

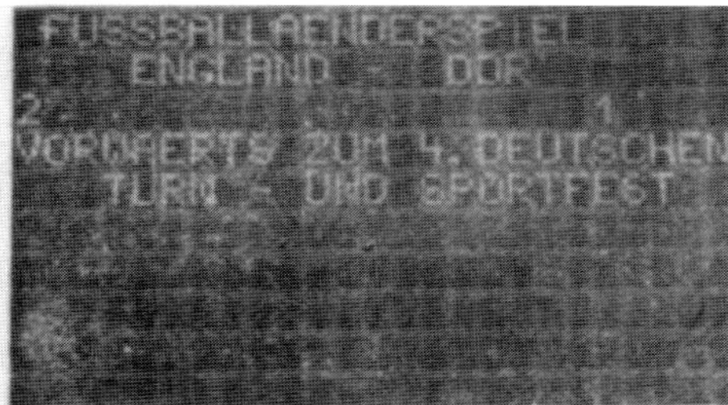

Fairneß prägte Leipziger Spiel

Nach dem 1:0 optimistisch!

Als die Anzeigentafel im Leipziger Zentralstadion das Endergebnis von 1:2 anzeigte (Bild links oben), da herrschte doch ein wenig Enttäuschung unter den Zuschauern. Sie mußten miterleben, wie das gute Spiel unserer Elf nicht die verdiente Anerkennung fand. Dabei bestand alle Hoffnung auf einen Erfolg, als Peter Ducke nach 23 Minuten mit diesem Schuß das 1:0 erzwang, das Norman (beschattet ihn vergeblich) und Banks nicht zu unterbinden vermochten. Wie schade, daß es die einzige Ausbeute für unsere Jungen blieb!

Ein 2:0, ja ein 3:0 war möglich, doch...

Klaus Schlegel: Wer solche Chancen nicht nutzt, kann nicht gewinnen / Eine saubere Demonstration fairen Sportgeistes und herzlicher Freundschaft / Vom Fisch und dem Angler / Bester Mann auf dem Platz: Manfred Kaiser vor George Eastham / Uns fehlte Erler mehr als England Greaves / Henning Frenzel fiel fast völlig aus FA-Generalsekretär Follows: „Hoffen nicht nur auf baldiges Rückspiel, setzen alle unsere Kräfte dafür ein!"

Englands Fußball-Journalisten sind bekannt für ihre treffenden Vergleiche, die sie finden und die dazu dienen, das Geschehen anschaulicher darzustellen. Bedienen wir uns zunächst eines solchen Wortes, das uns unser Kollege Bob Pennington von „News of the World" unmittelbar nach dem Spiel sagte: **„Das Treffen glich einem Kampf zwischen Angler und Fisch. Dabei war unsere Mannschaft der Fisch, der den Angelhaken schon geschluckt hatte und fest an der Angel saß. Der Angler aber verstand es nicht, den Fisch endgültig zu landen, so daß er sich vom Haken befreien konnte. Wäre der Angler energischer zu Werke gegangen, wir hätten glatt verloren."**

Ohne Zweifel charakterisieren diese Sätze die Anfangszeit des Spiels, sind keineswegs Ausdruck irgendeiner Höflichkeitsfloskel, stellen gleichzeitig Kompliment und Kritik für unsere Mannschaft dar. Doch ehe wir darauf näher eingehen, ehe wir uns mit diesem Spiel eingehend beschäftigen, muß das gesagt werden:

Sieg vor dem Anpfiff

Die Tatsache des Zustandekommens eines offiziellen Vergleichs zwischen England und unserer Republik allein ist schon ein großartiger Erfolg, stellt unserem Verband und seinen leitenden Männern ein außerordentlich gutes Zeugnis aus, drückt gleichermaßen aus, wie sehr das Ansehen unserer Republik überhaupt gestiegen ist. Und um abermals ein Bild zu gebrauchen, das darstellen soll, welch geringen Einfluß das Gegreine der Westpresse auf den Gang der Dinge hat, sei gesagt: Dorfköter haben die Eigenschaft, den Mond anzubellen, doch unbeschadet dessen, zieht der seine Bahn. Und so ließen sich auch die englischen Verbandsfunktionäre, eines Verbandes, der unter dem Patronat der englischen Königin steht, trotz des Jammerns der westdeutschen Zeitungen nicht davon abbringen, bei uns zu spielen. FA-Generalsekretär Follows sagte dazu: **„Ich kenne die politischen Probleme zwischen Ost und West in Deutschland zuwenig. Ich weiß nur, daß wir hier sind und daß wir darüber sehr glücklich sind." Und wenige Stunden vor dem Rückflug äußerte sich Mr. Follows so: „Wir sind von unserem Aufenthalt, von der großartigen Gastfreundschaft überrascht. Selten haben wir so etwas erlebt. Wir hoffen auf ein baldiges Rückspiel, wobei wir uns nicht nur auf das Hoffen beschränken, sondern alles tun werden, die derzeit bestehenden Schwierigkeiten zu überwinden helfen."**

Das sind Worte eines Mannes, die Gewicht haben, die zum Ausdruck bringen, daß ausgehend von diesem ersten Vergleich ein engerer Kontakt angestrebt wird. **So hat unser Sport ein weiteres Mal dazu beigetragen, Menschen verschiedener Länder in Freundschaft zusammenzuführen, und seine wichtigste Mission als Mittler erfüllt.** Diesen großen Erfolg unserer Betrachtung voranzustellen, erschien uns notwendig.

So traten die Mannschaften an:

Deutsche Nationalmannschaft — **Trainer:** Soos, Studener

Fritzsche (SC Motor Jena, 35/7)

Urbanczyk (SC Chemie, 32/12) — **Heine** (SC Dynamo, 27/26) — **Krampe** (ASK, 26/24)

Kaiser (SC Wismut, 34/28) — **Liebrecht** (Stendal, 26/18)

Nachtigall (ASK, 22/7) — **Frenzel** (SC Leipzig, 21/11) — **P. Ducke** (SC Motor, 21/16) — **Nöldner** (ASK, 22/7) — **R. Ducke** (SC Motor, 20/20)

Charlton (Manch. Utd., 25/44) — **Eastham** (Arsenal, 36/3) — **Smith** (Tottenham, 30/12) — **Hunt** (Liverpool, 24/1) — **Paine** (Southampt., 24/2)

Moore (Westham Utd., 21/13) — **Norman** (Tottenham, 28/30) — **Milne** (Liverpool, 25/3)

Wilson (Huddersfield, 28/18) — **Armfield** (Blackpool, 25/36)

Banks (Leicester City, 25/4)

Englische Nationalmannschaft — **Manager:** Ramsey

Schiedsrichterkollektiv: Zecevic, Alija, Vlada (alle Volksrepublik Jugoslawien); **Zuschauer:** 90 000 im Leipziger Zentralstadion; **Torfolge:** 1:0 P. Ducke (23.), 1:1 Hunt (45.), 1:2 Charlton (78.).

Erler fehlte zu sehr

Mag sein, daß unsere Fußballfreunde in letzter Zeit gar ein wenig verwöhnt wurden. Zumindest hatte das in Leipzig abermals den Anschein. Wir spielen dabei nicht auf kleinere Lücken im großen Stadion an, auch nicht auf

(Fortsetzung auf Seite 4)

Nr. 23/63 – Seite 3 Fußball-Woche

Tor im Prestigeduell gegen England! Nicht zuletzt dank Peter Ducke brachte die DDR-Nationalmannschaft den haushohen Favoriten an den Rand einer Niederlage (FuWo 23/1963).

Der Graf

Georg Buschner, der »Sonnengott«. Der Vergleich mag seine Berechtigung haben, doch versuchte zum Beispiel die Stasi, auf Schatten hinzuweisen, wo derart viel Licht ist. Ein »Gesellschaftlicher Mitarbeiter der Staatssicherheit« (GMS/Akte Reg. Nr. XV 7658/80 »Georg« Archiv-Nr. 515/82, Band Nr. 1) skizzierte 1973 in einigen groben Strichen ein Bild von Georg Buschner. Walter Jahn, die Vater-Figur des Jenaer Nachwuchsfußballs, hat diese Papiere für seine Dokumentation »Der Einfluss des Ministeriums für Staatssicherheit auf den FC Carl Zeiss« zusammengetragen und Ende der 90er Jahre an den Klub übergeben. Buschners Erfolge mit dem Klub, heißt es in jener Akte, würden zuerst auf der »großzügigen ökonomischen Unterstützung« des Zeiss-Werks beruhen. So habe sich Buschner eine schlagkräftige Mannschaft »regelrecht und systematisch zusammenkaufen« können. – Stein aus Halle, Preuße aus Erfurt, Irmscher aus Zwickau, Blochwitz aus Magdeburg, Vogel aus Karl-Marx-Stadt und Kurbjuweit aus Riesa.

Hilmar Ahnert, der Ex-Klubpräsident, beschreibt das System heute so: Der Spieler wurde – wie zum Beispiel Peter Ducke zu Beginn – als Dreher im Kombinat Carl Zeiss angestellt. Das Gehalt, das der Betrieb an den Spieler zahlte, musste vom »Büro zur Förderung des Sports in Betrieben« beim DFV bestätigt werden. Von dort erhielt der Betrieb sein Geld zurück. Ahnert: »Dass dann bei Zeiss Prämien gezahlt wurden; dass Spieler fertige Wohnungen vorfanden, die die Carl-Zeiss-Stiftung eingerichtet hatte; dass der Spieler ein Auto bekam, das er allerdings bezahlen musste – das war das, weshalb die Leute nach Jena gekommen sind. Hinzu kam immer die Förderung, dass man am Institut für Köperkultur oder an der Ingenieurschule studieren konnte. Partei- und Gewerkschaftsleitung – sonst wer stand dahinter.«

All dies jedoch will Georg Buschner heute anders eingeordnet sehen. – Es gebe ein im Übrigen von Dresdner Fans erfundenes Gleichnis zur Umschreibung des Unterschieds zwischen Dynamo-Dresden-Trainerlegende Walter Fritzsch und ihm. Danach, so erzählt Georg Buschner, würden sich beide als Briefmarkensammler unterscheiden: »Fritzsch geht ins Geschäft, wo die Briefmarken verkauft werden: da einen Satz, da einen Satz, da einen Satz, den er mitnimmt. Briefmarken stehen für Spieler. Also hat er Ende des Sommers zehn, zwölf neue Spieler. Von denen landet einer oder meistens gar keiner in der ersten Mannschaft.

Peter Ducke erzielt eines der sechs Jenaer Tore beim 6:2 im FDGB-Pokalspiel gegen »Eisern Union« – und das auch noch mit guter Haltungsnote.

Schorsch Buschner geht in den Laden rein und sagt, ›zeigen sie mir mal die Marke; zeigen sie mir mal die Marke‹. Der gibt wieder eine zurück. ›Was können sie denn noch so empfehlen? Ja, hm‹, wieder zurück. – ›Aber die da hinten in der Ecke, die sie gar nicht genannt haben, die nehme ich.‹ Und das wird dann ein internationaler Spieler. So war's in Jena. Jena hatte die kleinste Quote aller DDR-Oberliga-Mannschaften an Spieler-Zugängen. Eines Tages kamen aber auch die Spieler von selbst und haben auf Umwegen anfragen lasse, ob sie nach Jena kommen können. Helmut Stein, Harald Irmscher, Matz Vogel, Lothar Kurbjuweit.«

Der Stasi-Zuträger spricht auch Buschners neue Wege der Trainingsgestaltung an und jenes System, »das große Abzüge vorsah bei moralischen Entgleisungen, bei schlechten Trainings- und Spielleistungen, aber ebenso enorme Summen bei Erfolgen versprach. Selbst bei Siegen in den Punktspielen lag die Höhe nicht selten über 1000 Mark pro Spieler, ganz zu schweigen bei Siegen in den Europacupspielen«. Dabei habe sich Buschner die alleinige Entscheidungsgewalt vorbehalten. »Und das selbst in den kleinsten Dingen.« Der GMS gab Details aus einem Gespräch mit Peter Ducke zu Protokoll. Darin soll Peter von einer »Hassliebe« der Spieler gegenüber dem »Grafen«, wie der Trainer mit Spitznamen genannt wurde, gesprochen haben. – Und: dass Buschners ökonomische Macht die Spieler sehr wohl angetrieben habe. Es sei eben ein Unterschied, ob man 100 oder 1000 Mark Prämie bekommt, so wird Ducke zitiert.

»Der DTSB, diese verbrecherische Organisation, hat doch alles getan, was man gegen den Fußball tun konnte.«

Georg Buschner

Dass in dieser Zeit die Kasse stimmte, so fährt der GMS fort, beweise wohl der Spitzname FC Fiat, »denn jeder zweite Spieler fuhr einen Wagen dieses Typs«, der damals in Ostdeutschland als Luxus galt. Zudem sei Buschner mit 3000 Mark Gehalt »der mit Abstand bestbezahlte DDR-Klubtrainer« gewesen. Der Stasi-Informant bescheinigt Buschner hohe Intelligenz, er wirft ihm aber »ausgeprägten Hang zum Individualismus« und Überheblichkeit vor. In dieser Haltung sei Buschner »irrtümlich« bekräftigt worden, als der oberste DDR-Sportpolitiker, DTSB-Chef Manfred Ewald, ihm 1970 in Jena persönlich den Posten des Nationalcoachs antrug. Buschner habe folglich – bis zur Erstellung des Stasi-Protokolls betrachtet – als Nationaltrainer das Zepter im Alleingang geschwungen, »zumal es im Fußballverband in der Führungsspitze an Persönlichkeiten fehlt, die vom Intellekt her mit ihm auf einer Stufe stehen«.

Mit über 30 Jahren Abstand beschreibt Georg Buschner selbst den Wechsel auf den Nationaltrainer-Stuhl als ein Gedrängt-, ein Genötigtwerden. Er sei damals massiv unter Druck gesetzt worden, habe andererseits stets mit der »Hauptverleumdung ›Profiauffassung‹« zu ringen gehabe, sich in der Tat »ununterbrochen um Geld für Spieler gekümmert«. Und an Manfred Ewald lässt er kein gutes Haar. »Der DTSB, diese verbrecherische Organisation, hatte doch alles getan, was man gegen den Fußball tun konnte. Der Fußball war diesem Ewald, diesem Räuber, diesem früheren HJ-Führer, zu populär. Das mochte der nicht.« Dies nicht zuletzt, weil Fußball zu wenig medaillenträchtig war. – »Das kommt noch hinzu, der persönliche Ehrgeiz von Honecker und Ulbricht. Die Medaillen wurden aufgerechnet. Soundso viele kleine Mädchen machen ihre Medaillen, starten allein bei Olympischen Spielen. Dieses ganze Zerrbild! Das ist aus der Nazizeit übernommen worden – auch in der DDR. 1936 hatte Hitler alles aufgebläht und gefordert, Medaillen zu machen. Dieser Wahn blieb in der DDR und ist heute noch in der Bundesrepublik zu spüren. Verheerend, wenn keine Medaille kommt! Das steht alles in keinem Verhältnis zum Aufwand.«

Georg Buschner fährt recht drastisch über das Thema Stasi-Aufarbeitung beim FC Carl Zeiss hinweg: »Walter Jahns Stasi-Geschichten über die Spieler sind alle völlig frei erfunden. Mein einziger Kontakt mit der Stasi war der, als ich Mielke aus der Kabine hab rausschmeißen lassen beim Spiel in Berlin. Sonst hat mich nie jemand ANGESPROCHEN. Was Walter erzählt, sind absolute Scheißhausparolen, wird von niemandem ernst genommen.«

Mit Sonja und Georg Buschner, 2004.

Alles auf einmal

Muss Peter Ducke nicht ein Supermann-Bild abgegeben haben – auch aus Sicht der Frauen? Mit 1,77 zwar kein Riese, aber doch ein schöner Mann. Dazu dieses Temperament, dazu diese Präsenz in der Öffentlichkeit, diese Rolle eines Medienstars. Wann immer es bei ihm in einem Spiel gut lief, hielt es die Journalisten nicht mehr in der sachlich-konstatierenden Ebene, wechselten sie in emphatische Sphären. Beispiel vom 11. Oberliga-Spieltag 1962 nach dem 4:0 gegen Karl-Marx-Stadt (heute wieder Chemnitz) in der »Fuwo«: »... und das 2:0 war überhaupt die größte Schussleistung des Spiels: Peter Ducke köpfte sich nach einem Kopfballduell das Leder selbst vor die Füße und vollendete mit unheimlichem Direktschuss unter den Querbalken.« Derlei außergewöhnliche Szenen trieben wahrscheinlich Stadionsprecher Rolf Weidner zu diesem Gedanken: »Manchmal habe ich gesagt: ›Der schießt eines Tages noch mal die Ecke, rennt hinterher und tut das Ding selbst rein.‹ Das hätte mich nicht gewundert.« Oder 1970 sein 2:0 gegen Sporting Lissabon im Europacup: »Fast an der Seitenlinie stehend, nahm der Mittelstürmer das Leder an und jagte es aus der Luft ins Dreieck,« so die »Fuwo«. Kurbjuweit-Kommentar: »Wie oft hat man gesagt oder sich gedacht: ›Ducke, warum spielst du nicht ab; warum tust du nicht, was man als normaler Spieler erwartet hätte?‹ Ducke schießt eben auf das Tor – selbst von der Grundlinie.«

All dies hat auch die Frauen-Welt begeistert. Einen wunderschönen Beleg dafür erhielt Peter im April 2005, als er in Dresden bei einem Treffen ehemaliger DDR-Sportgrößen von einem weiblichen Fan angesprochen wurde: Helga Roitzsch, geboren im Mai 1936. Die Dame aus Radeberg musste ihrer Begeisterung gleich anschließend noch in einem Brief an Peter Luft machen: »Wie habe ich mit Ihnen all die Jahre gehofft, mich gefreut und auch gelitten. Es waren tolle Zeiten; wo gibt es heute noch so einen starken kämpferischen Mittelstürmer? In Radeberg nannten mich manche, die von meiner Verrücktheit wussten, ›Frau Ducke‹. Und das waren nicht wenige. Ich habe 25 Jahre einen Betrieb geleitet. Und auf meinem Schreibtisch hatten nur Fotos von meinen Kindern und von Peter Ducke Platz! ... Davon werde ich noch im Altersheim erzählen.«

1971, beim 4:0 gegen Italiens Olympiaauswahl, war die Rede von einer »DDR-Auswahl wie aus einem Guss mit einem überragenden Peter Ducke«; er habe »ohne Übertreibung eine Weltklasseleistung« abgeliefert, sei »trotz schwerer Fouls

Jens, Ingrid, Uwe und Peter Ducke auf der Hollywoodschaukel, ca. 1970.

von zwei, drei Mann nicht zu bremsen« gewesen. Beim 1:0-Rückspielsieg in Terni lobte Italiens Trainer Ferruccio Valcareggi den »Schwarzen Peter« als »einen Mann der allerersten internationalen Garnitur«. In sieben lang gezogenen Dribblings, konstatierte die »Fuwo«, habe er seinen Gegenspieler Spinosi vom seinerzeitigen EC-Finalisten Juventus Turin stehen lassen, und in vier weiteren sei er durch Foul gestoppt worden. »Die Zuschauer schnalzten mit der Zunge, wenn er an den Ball kam.« – Schnalzt man bei heutigen Fußballbeobachtungen nicht arg selten mit der Zunge? Kein Wunder also, dass Peter Ducke in einem Ranking der mit einem »Fuwo«-Titelbild abgebildeten Spieler des FC Carl Zeiss klar den ersten Rang belegt. Auf 53 Abbildungen dieser Art brachte es der Schwarzschopf.

Die Frauen und der Star: Dieses Wechselspiel, das ist klar, kann nicht nur platonisch gewesen sein. Peter betont es heute immer wieder: Was das zarte Geschlecht angeht, sei er ein Spätstarter gewesen. Aber die eigene Kindheit in Schönebeck vor Augen, sei es für ihn immer ein Ideal gewesen – verheiratet zu sein, viele Kinder und ein harmonisches Familienleben zu haben. Anfang der 60er Jahre sei es »losgegangen«. Da war sein Freund Volker Woitzat, Bruder des Mannschaftskameraden Siegfried. Feinmechaniker bei Zeiss. »Er hatte immer schon eine Freundin. Ich fühlte mich ein bisschen beklemmt. Natürlich waren die Mädchen da. Vielleicht hat man schon einen Namen gehabt – ich weiß es nicht genau. Jedenfalls war ich immer so bescheiden. Aber dann habe ich Ingrid in der Stadt gesehen. Volker zu mir: ›Das ist die kleene Nober.‹ Ein schwarzer Teufel, so was Hübsches. Unglaublich! Sie war auch immer rumgezogen. Hat auch Freunde gehabt, hübsche – zwei, drei, keine festen. Dann hab ich mich erkundigt, wo sie wohnt. – In Jena-Ost. Brandströmstraße 4. Bin ich einfach mal hin. Gebibbert. Geklingelt. Kam der spätere Schwiegervater raus. Große, kräftige Erscheinung. Meister bei Zeiss. Ich zu ihm: ›Hätte gern mal ihre Tochter gesprochen.‹ Er: ›Ist nicht da, komm mal rein.‹ So ging das dann los.« – Es folgte die erste Verabredung: Spazieren auf den Jenzig, Jenas höchsten Berg. »Essen und trinken. Und dann, als es ans Bezahlen ging: kein Geld mit. Wirt sagt: ›Komm, lass das! Gut, bezahlste später mal.‹ Oh, ich hab mich so geärgert. Ich wollte so ein bisschen den großen Max machen. – Also nach Hause und Geld geholt.«

»Also heute frage ich mich: Was hast du da nur gemacht? ... Mir war alles ein bisschen zu Kopf gestiegen. So ein bisschen.« Peter Ducke

Dann sei Ingrid »relativ rasch schwanger« gewesen. Der Jenzig habe da abermals eine gewisse Rolle gespielt. »Aber das passte in meine Vorstellungen. Ich wollte spielen, aktiv sein, Geld verdienen, für die Familie sorgen. Stolz sein. Es war so schön.« Am 1. September 1962 heiratete Peter seine Ingrid, die im Sportbüro der BSG Carl Zeiss tätig war. Eine Sportlerliebe, sagt Peter, weil sie Turnerin war, beweglich, geschmeidig. »Und intelligent, wie man an meinen beiden Jungs merkt.« Aber: Er habe offenbar nicht alles unter einen Hut bringen können. »Jedes Wochenende Punktspiele. Auswahl. Repräsentationsverpflichtungen. Dennoch wollte ich für die Familie da sein. – 1963 kam also der Jens, fünf Jahre später der Uwe.«

Das »System Ehe« bewegte sich indes immer wieder an den Dehnungsgrenzen. – »Na, sicher gab es während der Ehe Komplikationen.« Er denke an die obligatorischen Treffen nach EC-Spielen im Jenaer Hotel »Schwarzer Bär«. »Banketts. War so üblich. Also die Frauen dabei. Und da hab ich manchmal so einen Quatsch gemacht. Ich dachte – nein, damals habe ich nicht gedacht ... Also heute frage ich mich: Was hast du da nur gemacht? Ich habe dorthin Mädels bestellt, die man gekannt hat. Habe mit denen, wie man heute sagt, Dates gemacht. Kellner zu mir: ›Da draußen ist eine Frau für Sie.‹ Die anderen Spieler: ›Ingrid ist doch drinne. Bist du verrückt?‹ Ja, ich war völlig ausgeflippt. Wollte aber dieser Seite und jener Seite nicht weh tun. War ich dann 'ne ganze Weile weg, kamen die Spieler, sagten, ›du, die Ingrid wartet drinnen‹. Damals ging das los: Mir war alles ein bisschen zu Kopf gestiegen. So ein bisschen. Was ich im Grunde nicht wollte. Aber es kam automatisch. – Die Schlagzeilen; du standest eben jede Woche in der Zeitung drin: Ducke wieder zwei Tore geschossen. Wegen Meckerei runtergestellt. Buschner nahm ihn vorher runter, bevor die rote Karte kam. – Mein Leben war nie langweilig. Es war immer FFFEUER (Ducke-typische Überbetonung einzelner Wörter – T. S.) drin. Also nicht wie heute der Boris Becker: Besenkammer, und so. Solche Dinge nicht. Aber in unserer Zeit – auf meine Art. Ich wollte nie groß auffallen, bin aber aufgefallen. Mir fällt noch ein harmloses Beispiel ein, Mitte der 60er Jahre: Training wurde unterbrochen. Da standen zwei Mädels draußen und ein älterer Herr. ›Da vorn, Peter, ist ein Mädel‹, hieß es da, ›die sagt, sie kriegt noch Geld von Dir.‹ Ich: ›WAAASSS!?‹ Hin zu ihr: ›Ja, guten Tag, kennen wir uns?‹ Buschner mit dabei. Sie: ›Sind Sie Peter Ducke?‹ – ›Ja!‹ Sie sagt dem Mann: ›Das ist nicht Peter Ducke. Der sieht anders aus als der, der sich als Peter Ducke ausgegeben hat.‹ Es stellte sich heraus: In irgendeinem Dorf im Thüringer Wald hatte sich jemand Geld geborgt, sich mit ins Kino nehmen lassen, und gesagt: ›Ich bin Peter Ducke.‹ – Ich war in aller Munde, egal, wo ich hinkam – oder auch nicht war.«

Doch, er habe versucht, sich am Riemen zu reißen. »Noch mehr Pünktlichkeit. Bissel anders auftreten. Aber wenn einmal ein Mädchen dazwischenkam, hab ich mich immer gleich – VERLIEBT. Immer gleich fest. Wenn man das heute so hört: Mal 'n Date und anschließend – pfff ... Aber ich hab immer auch meine Familie, meine Frau geliebt, meinen Fußball – ich wollte alles in einem. Wollte alles auf einmal gut machen. Olympiade, WM, Europa-Cup – du warst immer Gesprächsstoff. Ob in Rostock oder Aue – die Menschen haben mich gehasst und geliebt. Natürlich haben wir in der DDR Superleute gehabt. Aber ich hatte immer noch dieses Ausflippen mit drin. Mich haben sie nie in den Griff gekriegt. Die Menschen haben aber immer zu mir gehalten. Das hat sich bei der Wahl zum Sportler des Jahrhunderts gezeigt: Gerade weil du so crazy bist, ist das so geworden.«

»Mein Leben war nie langweilig. Es war immer FFFEUER drin!« Peter Ducke

Im Privaten jedoch hat Peter Ducke alle Täler durchschritten. Nach 19 Ehejahren trennten sich Ingrid und Peter. Sie blieb zunächst allein zurück im gemeinsamen Haus in der Netzstraße 71, im Schlegelsberg-Viertel, das – vom Jenzig aus betrachtet – so aussieht wie ein Reichsadler. Lothar Kurbjuweit erinnert sich: »Wie Peter da oben ausgezogen ist, mit einem Moped ›Schwalbe‹ und zwei Koffern an meinem Haus vorbeigefahren ist! Da kamen mir Zweifel, ob es richtig war, was er so aus seinem Leben machte.« Peter heiratete eine Neue: Ute. Wenig später kam Tochter Nicole zur Welt. Doch 20 Jahre später sollte auch seine zweite Ehe gescheitert sein – Ute verließ ihn quasi über Nacht. Peter: »Das kam wie der Kasper aus der Kiste. Ich habe ein viertel Jahr getrauert. Die und die, der und der hatten mich angerufen, wollten mich trösten. Ich wollte nichts hören.« Nein, an jenen Punkt – »so vom Familiären her« – habe er nie geraten wollen. »Aber das Leben hat es so hergegeben. Wenn man ständig so im Mittelpunkt steht, mit Weltfußballern verglichen wird, dann bleibt das nicht aus. Nein, ich war nicht größenwahnsinnig, aber ich war ausgeflippt. Und es war nicht alles Friede, Freude, Eierkuchen. Es gab zum Beispiel Anrufe: ›Hör mal, bist zwar ein guter Fußballer, aber du benimmst dich wie ein Schwein.‹ Gab es alles. Aber der Tenor war immer wieder: ›Du hast uns so viel Freude gemacht.‹«

Im Mai 2005 heiratete Peter zum dritten Male. Die Glückliche heißt Marion, war zum Zeitpunkt der Heirat 42 Jahre alt und arbeitet als Verkäuferin in einem Supermarkt. Beide lernten sich 1999 an ihrer Arbeitsstelle kennen, als Peter gemeinsam mit Bayern-München-Idol Gerd Müller eine Autogrammstunde gab. Es sei in jenem Moment ein Telefongespräch für Peter eingegangen; »ich musste ihm etwas ausrichten«, erzählt Marion. Nun ja, seine blauen Augen, die hätten sie schon fasziniert. Ab und zu, wenn er zum Einkaufen kam, habe man in der Cafeteria auch gemeinsam einen Kaffee getrunken. Aber das sei alles noch vor dem Tag gewesen, als Peter Duckes zweite Frau ihn über Nacht verließ. »Er war für mich ein verheirateter Mann. Basta!« Nein, Peter habe durchaus nicht mit seiner Popularität bei ihr punkten können. Als langjährige Turniertänzerin sei sie zwar sportlich interessiert. Aber Fußball? – Allzeit Fehlanzeige! »Da war kein Interesse; tut mir leid«, sagt sie und schaut beim Erzählen ihrem Peter liebvoll in die blauen Augen. Aber wie ist das? Peter war berühmt für sein Ausflippen auf dem Platz. Bekommt man das als Ducke-Partnerin zu spüren? Zum Zeitpunkt des Gesprächs, kurz vor der Hochzeit, hatte Marion noch keinen großen Katalog von Beispielen parat. Vielleicht nur dieses eine Mal, als beide bei einer Verkehrskontrolle von den Polizisten recht hart rangenommen wurden. »Ein richtiger Wutausbruch von mir. Ich war selbst über mich erschrocken«, sagt Peter.

Nur muss man auch hier bedenken: Beim Einkleiden für seine dritte Eheschließung befanden sich eine Krawatte vom FC Barcelona und eine Krawatte mit

Clint-Eastwood-Motiv in der Endauswahl. Der Hollywood-Cowboy mit dem »Zieh doch!«-Gesicht lugte letzthin zur Standesbeamtin. Nun, wer erzogen worden ist »wie ein Vogel in den Rocky Mountains« …

Von wegen »FC-Fiat« – Ducke fuhr Wartburg! 1970 mit seiner Frau Ingrid im Stadion.

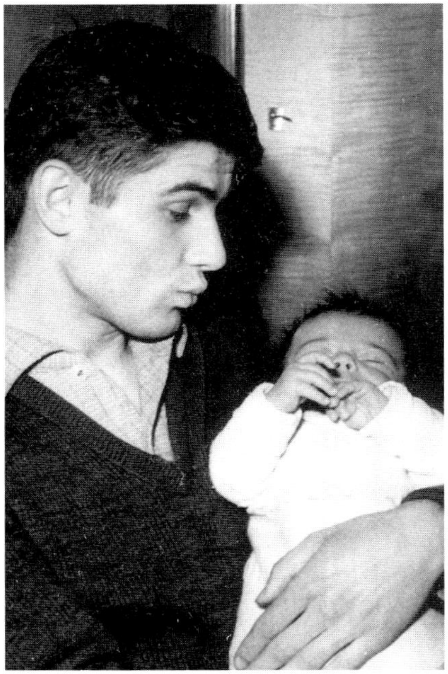

o. l.: Der junge Vater Ducke mit seinem ersten Sohn Jens 1963.

o. M.: Mit Sohn Uwe im Jenaer Stadion, ca. 1977.

o. r.: Mit seiner zweiten Frau Ute bei der Schuleinführung der Tochter Nicole 1985.

u.: »Wirf ihm einen Ball hin und er war ein anderer Mensch« – mit Sohn Uwe an der Ostsee, ca. 1969.

Clint Eastwood war dabei – zumindest auf der Krawatte: Hochzeit mit Marion im Mai 2005 (Aufnahme am Jenaer Rathaus).

Schutz für Schauspieler

Dieses Fußballerdenkmal lässt sich nun einmal nicht spalten: hier der Sportler, da der Privatmann. Dennoch sind für manch einen Weggefährten Duckes Wandlungen – Peter im Spiel, Peter außerhalb des Spiels – besonders markant. Beispiel Lothar Kurbjuweit: Er wechselte 1970 als 19-jähriger Nobody, wie er sagt, von Riesa nach Jena. Er war darauf angewiesen, dass die Etablierten ihm die Hand reichen. »Ich wurde dann auch privat eingeladen zum Abendessen, da waren die Duckes die Ersten. Oben in der Netzstraße. Juli '70. Das war für mich eine Riesengeschichte. Peter Ducke, der mit dem großen Namen. Das hatte mich schon beeindruckt. Das war ein bleibendes Erlebnis.«

Innerhalb der Mannschaft habe Ducke nie irgendeine Art von Star-Allüren zelebriert. »Zumindest ist mir das nie aufgefallen. Der war als Mitspieler so was von pflegeleicht. Ich sehe ihn immer als die – ich will nicht sagen: gespaltene Persönlichkeit, das wäre völlig überzogen ... Aber es gab für mich immer zwei Peter Duckes: einer aufm Platz und einer außerhalb des Platzes. Und außerhalb des Platzes war dieser Mann so was von hilfsbereit, so was von zugänglich. Da gab's in keinster Weise irgendwelche Allüren. Aufm Platz hat man manchmal das Gefühl gehabt, da schaltet irgendetwas ab. Das war ein so Fußballbesessner! Das ist mir in dieser Art nicht noch einmal widerfahren. Wir haben ja in der Ära Hans Meyer viele taktische Dinge trainiert – es ging, wenn man so will, um Korsettstangen in einem Spiel. Angriffshandlungen und Abschlusshandlungen und dergleichen. Mehr als ein normales Torschusstraining. Diese Dinge waren mit dem Peter im Spiel nicht zu machen. Peter war Instinktfußballer; der hat letzthin gemacht, was er wollte. Das war insofern unberechenbar, als er nicht nur für seine Gegenspieler, sondern auch für uns unberechenbar war. Peter Ducke in der eigenen Abwehr war höchst gefährlich für uns selbst. Das war nicht sein Ding. Aber vorn: Das war der Mann, den konntest du immer anspielen. In der größten Not hast du das Ding einfach auf den Peter gehauen. Nach dem Motto, der wird schon irgendetwas damit anfangen. Da hat er seine Unberechenbarkeit ausgenutzt. Das war weg vom Schema, was er gemacht, wie er Fußball gemacht hat. Das muss man schon sagen. Seine individuelle Klasse war dermaßen hoch, dass man nur mit allergrößter Hochachtung von dem Fußballer Peter Ducke sprechen kann. Auch eingedenk der Tatsache, dass er nie den großen Star hat raushängen lassen.«

Applaus!! Ducke bejubelt ein Tor beim 3:2 gegen Union Berlin 1976.

Wa-, wa- was macht er denn jetzt? Bruchteile von Sekunden lang packt die Zuschauer im Jenaer Ernst-Abbe-Stadion das Entsetzen, das sich kurz darauf in allgemeiner Heiterkeit auflöst: In einem Oberliga-Spiel hat Rudi Glöckner, die bedeutendste Schiedsrichter-Persönlichkeit der DDR (Er pfiff 1970 das WM-Endspiel Brasilien gegen Italien), gerade eine Entscheidung gegen den FC Carl Zeiss getroffen. Mit kühler »Basta!«-Miene wendet er sich vom erzürnten Peter Ducke ab. Der holt in diesem Moment aus, als wolle er dem Schiri von hinten einen Schlag versetzen. Instinktiv wendet sich Glöckner wieder dem Stürmer zu, der – instinktiv – gerade noch so den Bogen kriegt: Rudi Glöckner schaut auf einen Peter Ducke, der vornübergebeugt an den Schleifen seiner Fußballstiefel zupft. – Ein kleines Beispiel für den typischen fließenden Übergang zwischen Temperamentsausbruch und Theaterspiel.

Georg Buschner belegt Duckes Ruf als Schauspieler mit der Erinnerung an ein Spiel beim FC Rot-Weiß Erfurt. »Die Spieler mussten zur Halbzeit durch die alte Tribüne laufen. Da brüllten sie und schrieen: ›Du Schauspieler!‹ Das galt so viel wie: ›Du Lump, du Strolch.‹ Denn der Peter hatte zwei Tore für uns geschossen in Erfurt. Sie wollten ihn beleidigen – vor den Fachleuten hatten sie ihn mit diesen Worten praktisch in den Himmel gehoben. – ›Du Schauspieler!‹ Mit verzerrten Gesichtern. Hochgebildete Leute darunter. Bei Fußball setzt eben der Verstand aus. Ein Erfurter rief aber auch: ›Haltet doch mal endlich eure Schnauzen; ihr wärt doch froh, wenn ihr so'n Schauspieler hättet.‹ Er war ein Schauspieler – im positiven Sinne. Also nix da mit Schwalben und so. Keiner, der Theater in dem Sinne macht, dass er Schiedsrichter zu täuschen versucht. Nein, nein, er spielte elegant, er spielte fürs Auge.«

Nur lag darin eben auch die Krux: »Er war kein Abstauber; kam oft von der Mittellinie und machte bis vorne durch. Und es gab für die Gegenspieler kaum Mittel, ihn zu bremsen«, so beschreibt es Rolf Weidner, der Stadionsprecher. »Also wurden ihm oft die Knochen poliert – zwei nehmen ihn in die Schere und strecken ihn nieder. Dann fühlt er sich ungerecht behandelt, braust auf, wird verwarnt oder fliegt vom Platz.« Ja, sagt Rolf Weidner, mit seiner Hitzköpfigkeit habe sich Peter Ducke vieles verbaut bei den Schiedsrichtern. Und manches, so beschreibt es Peter, habe da noch sein Bruder abgefangen. »Wie oft kam er zu mir, sagte ›Halt doch mal die Schnauze; geh doch da mal weg!‹ – das hab ich 12 Jahre gehört.«

Eine Frage der Gestik

Unvergesslich ist für Peter Ducke der holländische Schiedsrichter Leo Horn, den er beim EC-Spiel gegen den walisischen Klub Swansea Town am 18. Oktober 1961 (5:1 für Jena) kennen lernte. »Der hat zu mir gesagt: ›Du bist was Außergewöhnliches, aber zur Zeit bin ich was Außergewöhnliches.‹« Rolf Weidner erinnert sich, wie Leo Horn nach dem Spiel nachts um elf den Wunsch hatte, eine echte Bierkneipe zu besuchen. Also die »Rote Laterne« in Jena-Ost. »Er war so begeistert von dem Ducke, am liebsten hätte er ihn mitgenommen. Er hat ihm damals eine große Laufbahn vorausgesagt. Und da hat er ja letzten Endes auch Recht gehabt.«

Von den Schiedsrichtern, denkt Rolf Weidner, hat sich Rudi Glöckner am besten auf Peter Duckes besondere Rolle einzustellen vermocht. Peter sieht das ähnlich: »Ein tolles Verhältnis. Der war schon vom Äußeren her eine Persönlichkeit. Der hat NICHTS!!! (Ducke-typische Überbetonung einzelner Wörter – T. S.) geduldet, war sehr präsent. Aber er hat gemerkt, dass ich auch Schutz brauchte vorm Gegner. Zugleich signalisierte er: Komm mir entgegen. Er kam auf dich zu, als wenn er dir eine Watsche geben wollte. Ganz nah ran. Diese Gestik, diese Mimik. Außerdem sprach er sehr oft mit meinem Bruder. Man darf aber nicht vergessen, die Schiris haben doch auch von Leuten wie mir gelebt. – Motto: Ich habe den und den gepfiffen.«

Gestik, Mimik. Das sind Felder, auf denen der Schauspieler Ducke eine breite Palette zu bieten hatte. »Viele fragen mich: ›Warum machst du das mit Gesten?‹ Und ich sage: Weil man mich sonst nicht versteht. Ich bewundere die, die reden am Pult und keine Regung zeigen. Ich bin eben mit dem Buschner groß geworden. Immer wieder diese Gesten. Ich übe das nicht. Es steckt einfach drin.« Es habe genug Klassespieler gegeben, die »nicht schauspielträchtig« waren. »Aber Crujff, Beckenbauer, Puskás – das waren alles Schauspieler.« Doch wie bereits angedeutet: Nicht selten war bei Peter das Temperament stärker als das gezielt Schauspielerische. Beispiel – das mit 3:0 gewonnene Punktspiel gegen den 1. FC Lok Leipzig (später wieder VfB genannt) im November 1968. Der FC Carl Zeiss, in der Saison zuvor gerade Meister geworden, habe »insgesamt mit seinem Spiel keine Bäume« ausgerissen, monierte die »FuWo« und fuhr fort: »Sicherlich mag auch der Ausfall der einzigen echten Sturmspitze, Peter Ducke, dazu beigetragen haben.« Peter hatte in der 7. Minute das 1:0 erzielt und war in der 12. Minute gemeinsam mit Leipzigs Stopper Manfred Geisler vom Feld gestellt worden. »FuWo« dazu: »Nach einer unfairen Attacke von Geisler an Strempel, die sofort mit einem Freistoß geahndet wurde, lief plötzlich P. Ducke gestikulierend auf den Leipziger zu. Daraufhin schob Geisler den Jenaer an der Schulter zurück, der sich mit einem Schlag ins Gesicht des Lok-Stoppers revanchierte. Der versöhnende Händedruck im Kabineneingang zwischen den beiden Sündern kam dann natürlich zu spät.« Dieser überschäumende Gerechtigkeitssinn wurde immer wieder sichtbar. Peter erinnert sich an ein Testspiel der DDR-Auswahl in Moskau. Da habe er auf einen russischen Spieler eingeprügelt, der seinen Bruder Roland rüde attackiert hatte. Die DDR-Funktionäre seien konsterniert gewesen, einer habe im Anschluss gesagt, einen Klassenbruder schlage man doch nicht. Darauf Peter: »Und meinen Bruder schlägt man auch nicht.«

»Viele fragen mich: ›Warum machst du das mit Gesten?‹ Und ich sage: Weil man mich sonst nicht versteht.«
Peter Ducke

Prominenz beim Länderspiel DDR–ČSSR 1963 in Berlin. Mittig v. l. n. r.: Martin Skaba, Dieter Erler, Peter Ducke, Jürgen Nöldner, Werner Heine (mit der »3«), daneben die Raumfahrtpioniere Valentina Tereschkowa und Juri Gagarin, rechts Walter Ulbricht.

Kann die das? Peter Ducke schaut eher skeptisch. Valentina Tereschkowa, die erste Frau im Weltraum, beim Ehrenanstoß (rechts Jürgen Nöldner).

Schlitzohr und Rebell

Verrückt, rebellisch, unberechenbar. Ein Gipfelpunkt Duckeschen Rebellentums dürfte das Pokalendspiel gegen Magdeburg am 8. Mai 1965 in Berlin gewesen sein. Dumme Sache an diesem Tag: Im Anschluss an das Spiel sollten die Radrennfahrer der 18. Friedensfahrt – der »Tour de France des Ostens« – pünktlich auf die erste Etappe der Strecke Berlin – Prag – Warschau gehen. Also war keine Verlängerung erwünscht, doch nahm das Schicksal seinen eigenen Lauf: Jenas Helmut Müller traf in der 66. Minute zum 1:0; etwa zehn Minuten vor Ultimo glich Magdburg bei klarer Abseitsposition aus. In der 82. Minute wiederum wurde Magdeburg ein arg strittiger Strafstoß zuerkannt, den Hirschmann für die Elbestädter verwandelte, nachdem kurz zuvor der Pfiff ausgeblieben war, als Jenas Dieter Lange im Strafraum zu Fall kam. Der Dreh- und Angelpunkt des Skandals: Schiedsrichter Wolfgang Riedel pfiff sofort nach dem Magdeburger 2:1 das Spiel ab, was die »FuWo« – in solchen Momenten staatsgelenkt – später kaschierte, indem sie das Elfmeter-Tor der Magdeburger in die 89. Minute verlegte. Bei der Siegerehrung dann Peter Duckes legendäre Bemerkung, die er an Schiri Riedel richtete: »Den Scheißpokal könnt ihr selber behalten!« Anschließend wurde Peter von den DDR-Sportfunktionären für letzthin zehn Wochen Saison-Spielzeit gesperrt. In der Begründung hieß es, er habe »durch sein Verhalten in grober Weise das Ansehen der sozialistischen Sportbewegung« geschädigt.

Verrückt, rebellisch, unberechenbar. Diese Prädikate, das darf immer wieder betont werden, hat sich Peter Ducke nicht nur im Spiel, im Streit mit Schiedsrichtern und Zuschauern erworben, sondern auch hinter den Kulissen. Georg Buschner: »Peter Ducke kam mit keinem Trainer aus, so sagen die Trainer. Ich sage umgekehrt: Kein Trainer kam mit Peter Ducke aus. Nationaltrainer Karoly Soos [1961 bis 1967 im Amt – T. S.] hatte zum Beispiel irgendwelche Anordnungen getroffen, dass heute alle Spieler mit Schlips kommen sollen. Es kamen alle mit Schlips – nur der Peter kam: ohne Schlips. Da wurde das aufgebauscht, wurde in der Mannschaft Zwietracht geschaffen. Oder: Die Schuhe wurden bei Soos in der Nationalmannschaft vorher kontrolliert, dass sie sauber waren. Bei allen standen saubere. Bei Ducke-Peter auch, nur waren das welche von Nöldner. Waren alle Schuhe durchgesehen, holte er seine dreckigen aus der Tasche. Bei mir sind nicht einmal die Schuhe kontrolliert worden, wichtig war,

Wie einst Reinhold Messner seine 8000er, so beherrscht Peter seine Gegner. Auch der internationale Aufstieg ist seit dem UEFA-Turnier der Junioren in St. Pölten bei Wien (1960) nicht mehr zu bremsen..

dass der Schuh den Ball getroffen hat und der Ball ins Tor gegangen ist. Das war entscheidend.«

Jürgen Nöldner, 30-facher Nationalspieler vom damaligen Armeesportklub Vorwärts, vermag das im Rückblick zu präzisieren. Regelmäßige Schuhkontrollen habe es nicht gegeben. Aber: Im Trainingslager in Kienbaum teilte er mit Peter das Zimmer – wohl auch ein bisschen, so der Berliner, weil beide fast gleichzeitig in der Nationalelf debütiert hatten. – Als Peter 1960 seine Premiere gegen Finnland feierte, bestritt Nöldner sein zweites Spiel in der A-Auswahl. »Dann gab es unerwartet doch mal eine Schuhkontrolle, und Peter schnappte sich meine sauberen Schuhe, zumal ich selbst gerade nicht im Zimmer war.« Überhaupt, die Schuhe. Lothar Kurbjuweit erinnert sich an den Anfang der 70er Jahre, als auch der Jenaer Klub mit Adidas versorgt wurde. »Peter hat sicher ab und zu mit Adidas gespielt. Aber meistens hat er sich seine alten Gurken von Zeha rausgesucht. Wir haben immer allergrößten Wert gelegt auf die richtige Bestollung, immer vorher getestet: welche Schuhe, welche Stollen? Das war nicht so sein Ding. Der ist dann mit seinen Zehas auf die Wiese gegangen; wir haben uns alle totgelacht. Eigentlich vermochte die Mannschaft ein paar Vorteile rauszuholen, weil sie den besseren Stand hatte. Da hatte man die Beziehungen zu Zeiss genutzt, sich Stollen drehen lassen; sich Aluminiumstollen mit so einer Hohlkehle fertigen lassen. Das war sensationell.«

»Diese Schuhgeschichten gipfelten ja darin, dass wir in Gummisohlen haben Spikes reinschlagen lassen. Beim Reifendienst.« Lothar Kurbjuweit

Das Europacupspiel gegen Ajax Amsterdam, sagt Kurbjuweit, hätten die Jenaer unter anderem gewonnen, weil sie den besseren Stand hatten. »Ist ja ungewöhnlich, dass man auf einen Platz Schnee schafft, statt ihn runterzuholen. Glaube das mit dem Schnee jedenfalls in Erinnerung zu haben.« Peter Duckes langjähriger Freund Udo Gräfe, damals beim Schneeräumen beteiligt, erinnert sich: »Der Platz wurde vom Schnee geräumt. Da aber dem Schorsch Buschner der Platz wegen des Frostes zu glatt war, wurde wieder einiges an Schnee auf dem Platz verteilt.« Die »Fuwo« vermerkte im Bericht zu diesem Europacup-Schlager, dass die Ajax-Spieler beim Schiedsrichter mehrfach die Kontrolle der Jenaer Stollen eingefordert hatten. Peter glaubt sich heute erinnern zu können, dass einige Jenaer Spieler ihre Besohlung ändern mussten. Kurbjuweit zusammenfassend: »Diese Schuhgeschichten gipfelten ja darin, dass wir in Gummisohlen haben Spikes reinschlagen lassen. Beim Reifendienst.«

Peters Haltung in Schuh-Fragen und viele zusätzliche Gründe haben offenbar gelegentlich Fässer zum Überlaufen gebracht. Von einem großen Fass, das aufgemacht wurde, berichtet Georg Buschner. »Peter Ducke wurde auch mit den Schikanen, wie er immer sagte, in der Auswahl nicht fertig. Er kam mit denen nicht zurecht. Karoly Soos sah damals keine andere Chance, als mit den Wölfen zu heulen und sich an die DTSB-Führung zu wenden. Und die ging sofort zum Politbüro des ZK der SED, zu diesen alten Knackern. – Und die haben dort eine

Sitzung anberaumt. Über Peter Ducke! Das ist kein Witz. Das kann man ja keinem erzählen. Über Peter Ducke. Da ging es darum, ihn lebenslänglich zu sperren. Es ging um eine Liste mit 50, 60 Disziplinargeschichten von Peter, die der Assistenztrainer gesammelt hatte.« Sonja Buschner: »Alles, was er falsch gemacht haben soll. Was er gut gemacht hat, nicht.«

Georg Buschner: »Da war die Rede von angeblich nicht richtiger Vorbereitung und falscher Einstellung. Alles so ein erfundener Scheißdreck. Das war geistiger und moralischer Dünnschiss. Im Politbüro sollte die Rückendeckung verschafft werden, dass der DTSB ihn ausschließen konnte. Und da ist es mir gelungen – Soos war in der Runde als ungarischer Staatsbürger nicht zugelassen – den Ausschluss zu verhindern. Ich kam mit der Empfehlung durch: Sperrt ihn, aber sperrt ihn unbefristet. Viele Analphabeten wissen ja auch nicht so recht, was unbefristet heißt. Sperrt ihn meinetwegen länger für die Auswahl, sagte ich, und begrenzt für den Klub, also 14 Tage, drei Wochen. Ich hab so gewurschtelt, wie ich es hier erzähle. Er konnte weiterspielen. Dann standen zwei Länderspiele im Oktober und November 1963 gegen Ungarn bevor. Karoly Soos rief mich an, eierte; ich zu ihm: ›Willst doch sicher fragen, wie es dem Peter Ducke geht!‹ – Er: ›Na ja, eigentlich nicht. Ist ja gesperrt.‹ – Ich: ›Könnt ihr doch gleich mal überlegen. Er ist doch unbefristet gesperrt. Und diese wichtigen Spiele gegen Ungarn ...‹ – Also wurde er eingeladen und machte ein großes Spiel.«

Offenbar jedoch waren nicht alle Vorwürfe gegen Peter aus der Luft gegriffen. Jürgen Nöldner denkt dabei an das Spiel vom 25. April 1964 in Wien gegen Österreich (1:1). »Peter hatte da einfach schwach gespielt und kam anschließend mit der Äußerung, was könne er denn dafür, wenn er von den anderen keine Bälle bekommt? Da sind einige wie Manfred Geisler von Lok Leipzig und Herbert Pankau von Hansa Rostock fuchsteufelswild geworden. Die wären ihm an den Kragen gegangen, wenn Trainer Soos sich nicht schützend vor ihn gestellt hätte. Daraufhin wurde Peter erst einmal gesperrt. Später holte Soos ihn wieder ins Trainingslager und richtete es ein, dass die Spieler eine Weile unter sich waren. Peter entschuldigte sich vor der Mannschaft, und das Ding war vergessen.« – Peter also dabei im neuerlichen Spiel gegen die Ungarn! Rolf Weidner, der Stadionsprecher, erinnert sich an das WM-Qualifikationsspiel im Budapester Nep-Stadion 1965: »Ein großes Länderspiel mit einem ganz überragenden Peter Ducke. Ich hatte eine Foto-Karte von Fuwo-Chef Schlegel. Stand also wie ein Fotograf hinter dem Tor des ungarischen Keepers Gelei. Ich ärgere mich heute noch, dass ich ihm nicht zugerufen habe. – Aber das war so blöd: Es steht 2:2. Peter hat schon zwei Treffer erzielt. Er kommt ganz allein aufs Tor zu, vermutet wahrscheinlich hinter sich einen Ungarn und schießt überhastet ab. Ich sehe das aus dem gleichen Blickwinkel wie Gelei. Das wäre die Quali für England gewesen.« Direkt im Gegenzug markierte der Ungar Farkas das 3:2.

Dass nun ja kein falscher Eindruck entsteht! – Meist verhielt sich Peter Ducke in der Nähe des gegnerischen Torhüters erfolgreicher, wie Hans-Georg Moldenhauer aus eigener Torwart-Erfahrung beschreibt: »Man konnte ihn keine Sekunde aus den Augen lassen. Der stand dann auf der rechten Seite, auf der Außenbahn, und da denkst du als Torwart, jetzt kommt eine Flanke oder er spielt nach innen, und dann hat er plötzlich mit dem Innenrist oder mit dem Außenrist mit Effet geschossen. Er war eben schlitzohrig. Er hat auch selten, wenn er frei durch war, den Torwart angeschossen. Viele Stürmer schießen dann den Torwart an, weil die einfach geradeaus durchziehen. Du schmeißt dich ja als Torwart, gehst flach davor. Der hat ihn angelupft oder noch mal draufgetreten oder drüber weg geschaufelt oder irgendetwas anderes. Ich kannte ihn von Jugend an, wusste schon, was er drauf hat, und trotzdem hat er seine Tore auch gegen mich geschossen und mich überrascht. Er ist wirklich so ein Typ, der steht mit dem Rücken zu dir, macht irgendetwas, blitzschnell aus der Drehung oder mit der Hacke. Oder er schlenzt den Ball nur weiter, und zwar nicht immer in die Richtung, wo du denkst. Da steht eben drei Meter daneben einer, da brauchte er nur quer abzulegen und der könnte mir den Ball vielleicht reinlegen. Aber der Peter lässt den Ball durch die Füße durch und lenkt ihn mit der Hacke anders ab – und da ist er drin. Weil du nach rechts reagierst, eben gedacht hast, er spielt den Freien an. So ein Typ war eben Peter Ducke.«

Kaum anders sieht das heute Moldenhauers »Amtskollege« Jürgen Croy, der sich damals als Keeper bei Sachsenring Zwickau und in der DDR-Nationalmannschaft das Prädikat »Weltklasse« erarbeitet hatte. »Peter war ein absoluter Individualist; und er war für Torhüter kaum ausrechenbar. Er hat sicherlich auch eine ganze Menge Tore gegen mich gemacht. Aber es war mir immer eine Freude, eine Herausforderung, einem solchen Klassemann gegenüberzustehen.«

Verrückt, rebellisch, unberechenbar. Konny Weise, wohl einer der besten Verteidiger, die es jemals in Deutschland gab, bekennt: »Ich war immer froh, gegen Peter Ducke nur im Training beim FC Carl Zeiss spielen zu müssen. Bei ihm konnte immer etwas Unvorhersehbares passieren.« In dieser komfortablen Situation, wenn man so will, befand sich Siegmar Wätzlich nicht. In der DDR-Auswahl zwar Mannschaftskollege von Peter Ducke, war er als Verteidiger von Dynamo Dresden sein Gegenspieler. »Zweikämpfe mit Peter Ducke gehörten zu den Höhepunkten meiner Fußballzeit bei Dynamo«, sagt Wätzlich. »Man musste sich als Abwehrspieler höllisch konzentrieren beim Versuch, dem Peter den Ball abzuluchsen oder eine seiner Finten zu durchschauen. Der Peter hätte auch im Profifußball des Westens eine überragende Rolle gespielt.«

In Dresden, daran erinnert sich Siegmar Wätzlich, sei Peter einmal von Trainer Buschner vom Platz geholt worden. – »Gegen seinen Willen. Da war er kaum zu bändigen.« Oder in einem anderen Spiel gegen Jena: »Ich flog wegen Foulspiels gegen ihn vom Platz, obwohl ich dem Peter nur den Ball durch die Beine weggespitzelt hatte. Da hätte er eigentlich Rot sehen müssen, denn er hatte mir den Ellbogen ins Gesicht geschlagen. Doch als Nationalspieler stand er seinerzeit unter Denkmalschutz. Er war zu wichtig für den Klub und die Auswahl. Deshalb drückte Schiedsrichter Kunze in Jena ein Auge zu. Ich war damals noch ein unbeschriebenes Blatt. – Das Spiel verloren wir mit zehn Mann 0:2; die Jenaer wurden in der Saison Meister, wir Dritter.«

Typisch für Peter sei auch gewesen, so resümiert Konny Weise, dass er gelegentlich im eigenen Strafraum gefährlich wurde – dann für die eigene Mannschaft. »Also ein Hackentrick von ihm im Sechzehner, so etwas habe ich erlebt.« Georg Buschner bestätigt das. »Gefährlich wird's, wenn der Peter Ducke mit zurückkommt«, so habe es immer geheißen. »Weil der dermaßen unorthodox spielt, dass niemand weiß, was er macht. Das weiß der Gegner dann zwar nicht, aber unsere Abwehr auch nicht. Die Abwehr hat dann ja richtig gebrüllt: ›Peter, bleib vorne!‹ Das war wirklich so! Nicht Freund, nicht Feind weiß, was er macht.« Ganz sachlich versucht Jürgen Croy heute dieses Problem einzuordnen: »Als Stürmer hatte er es nun einmal im Blut, Bälle nicht ins Aus zu schlagen, was in Höhe des eigenen Strafraums eben gefährlich werden konnte.«

Peter in Aktion während eines der zahlreichen dramatischen Ungarn-Spiele – dieses endete 1963 3:3.

Im Meisterschaftsfrühling von 1970 gewann Jena in Dresden klar mit 3:0. Roland und Peter auf dem Weg zum Tor; am Boden Klaus Sammer.

HÖHERES NIVEAU ANSTREBEN

Torenfreudiger P. Ducke! Hier überläuft er Muhren und Keizer von Ajax. Foto: Kronfeld

Oberliga-Spielplan 2. Halbserie 69/70

11. 3. 70	Messepokal-Viertelfinale (Rückspiel): Ajax Amsterdam gegen FC Carl Zeiss Jena
14. 3. 70	14. Spieltag
18. 3. 70	Europapokal-Viertelfinale der Landesmeister (Rückspiel): Feijenoord Rotterdam gegen FC Vorwärts Berlin
21. 3. 70	15. Spieltag
27. 3. 70	16. Spieltag
1. 4. 70	Europapokal der Landesmeister – Halbfinale
4. 4. 70	17. Spieltag
11. 4. 70	18. Spieltag
15. 4. 70	Europapokal der Landesmeister – Halbfinale 19. Spieltag
18. 4. 70	20. Spieltag
29. 4. 70	21. Spieltag
2. 5. 70	22. Spieltag
6. 5. 70	Europapokal der Landesmeister – Finale FDGB-Pokal – Halbfinale
9. 5. 70	23. Spieltag
16. 5. 70	24. Spieltag
23. 5. 70	25. Spieltag
30. 5. 70	26. Spieltag
13. 6. 70	FDGB-Pokal – Endspiel

Zweikampf zwischen Hasil und Fräßdorf. In der Szene daneben schaut Feijenoord-Schlußmann Treytel nach dem 0 : 1 betroffen drein. Die Bilder aus dem Jenaer Treffen zeigen das 2 : 0 (oben) und 3 : 0 durch Stein bzw. P. Ducke.

Auch ein 4:0 gegen Ajax war möglich

Klaus Schlegel: Der imponierende FC Carl Zeiss Jena spielte eine Halbzeit lang großartig auf, erteilte Ajax eine deutliche Lektion, mußte jedoch in der Schlußphase ein Gegentor hinnehmen

An jenem sagenumwobenen Ajax, Sohn des Telamon, der dem listenreichen Odysseus unterlag, darob in Raserei geriet und sich selbst tötete, an jenem Helden der griechischen Mythologie schätzen die Amsterdamer nach Präsident Jaap van Praag „die

Hinterhaltsschuß von Vasovic den Ehrentreffer. **„Mir war die Sicht versperrt, so daß ich den Ball zu spät sah“**, urteilte Wolfgang Blochwitz. Und Ajax-Trainer Michels frohlockte: **„Dieses Tor war äußerst wichtig. Es läßt das Rückspiel völlig offen erscheinen.“**

Bis zur Pause indes hatten die Jenaer schon für klare Fronten gesorgt, die niederländischen Journalisten zum Kopfschütteln ob ihrer nicht wieder zu erkennenden Ajax-Elf bewegt und ihnen Lobesworte wie **„großartig“, „unglaublich“, „einfach toll“** abgerungen. Alle diese Attribute verdienten die Männer von Georg Buschner, der vor dem Spiel äußerte, „mit einem 1 : 0 zufrieden“ zu sein, ohne jeglichen Abstrich. Sie begannen konzentriert wie selten, hatten schon nach achtzig Sekunden die erste große Möglichkeit durch P. Ducke, beherrschten eindeutig das Geschehen, weil sie aus der Abwehr heraus (Rock, Strempel!) das Mittelfeld spielend überbrückten; dank Steins Einsatzbereitschaft, Irmschers Schlagrepertoire, Schlutters Laufpensum und R. Duckes Ideenreichtum und Übersicht. Scheitler und P. Ducke standen kaum einen Augenblick, wechselten ständig die Positionen, lockten die schwerfällig wirkenden Abwehrspieler heraus, erspielten zunächst einige Chancen (u. a. Scheitler – 9.), ehe sie zuschlugen.

„Als Peter vier Mann ausspielte, auf mich zukam, übernahm ich auf seinen Zuruf den Ball, spielte zwei Gegner aus und zirkelte aus der Drehung ins Eck“, schilderte der Kapitän die ein wenig eingeübte Variante, die zu seinem ersten Messecuptor führte. Dann war Stein an der Reihe: **„Ich startete nach vorn, als Rock Irmscher am rechten Flügel anspielte. Scheitler köpfte Haralds Flanke aufs Tor. Ich wußte nicht, ob Bals den Kopfball hielt, ruschte mit**

(Fortsetzung auf Seite 10)

FC Carl Zeiss Jena 3 (3)
Ajax Amsterdam 1 (0)

FC Carl Zeiss (blau-gelb/blau): Blochwitz, Rock, Strempel, Stein, Werner, Krauß, Irmscher, R. Ducke, Schlutter, P. Ducke, Scheitler – (im 1-4-3-3); Trainer: Buschner.

Ajax (weiß-weiß/rot): Bals, Vasovic, Suurbier (ab 50. Suurendonk), Hulshoff, Krol, Rijnders, Muhren, Swart, Cruijff, van Dijk, Keizer – (im 1-3-3-3); Trainer: Michels.

Schiedsrichterkollektiv: Francescon, Mascali, Trinchieri (alle Italien); Zuschauer: 22 000; Torfolge: 1 : 0 R. Ducke (22.), 2 : 0 Stein (26.), 3 : 0 P. Ducke (33.), 3 : 1 Vasovic (91.).

Anmerkung: Kurz nach Wiederbeginn gab es eine Unterbrechung, da die Niederländer die Stollenbeschaffenheit einiger Jenaer Spieler beanstandeten. Erst nach nahezu sieben Minuten ließ Francescon, der sich vor dem Treffen von der Korrektheit der Stollen überzeugt hatte, weiterspielen.

War der sensationelle Erfolg der Jenaer beim legendären 3:1 im März 1970 gegen Ajax Amsterdam auch den extralangen Stollen der Zeiss-Kicker zu verdanken? Die »FuWo« jedenfalls jubelte.

Auch die Abwehr der Wolverhampton Wanderers hatte es im November 1971 in der 3.Runde des EC III schwer mit Peter Ducke.

Nicht abgeschert

Verrückt, rebellisch, unberechenbar. Wie ein roter Faden ziehen sich diese Attribute durch 18 Jahre Berichterstattung über Peter Ducke in der »FuWo«: die Kritik an seinem Temperament. Der Leser könnte dabei glatt den Eindruck gewinnen, es habe als eine Art »Political Correctness« gegolten, Peter wegen seiner Aufwallungen zu maßregeln. Immer wieder ist von seinen »Mätzchen« die Rede und wie gut es wäre, er würde die hier verwendete Energie ins eigentliche Spiel kanalisieren.

In den berühmten »Licht- und Schatten«-Auswertungen der »Fuwo« reichte der verantwortliche Redakteur dem dicken Lob meist Wegweisungen wie »Noch beherrschter werden!« nach. Auf das 3:2 gegen Dänemark im Oktober 1967 hin hieß es: »Diskutierte mit dem Linienrichter, statt den davonziehenden Mann anzugreifen.« Nach dem 5:0 gegen den Irak im Juli 1970: »Ließ sein großes Können sichtbar werden, allerdings auch sein ungezügeltes Temperament.« 1974 meldet sich in der »FuWo« Werner Enderling, einer der Schönebecker Übungsleiter von Peter Ducke, zu Wort: »Ich kann gar nicht glauben, dass er sich manchmal gehen lässt, undiszipliniert auftritt und die Nerven nicht unter Kontrolle behalten kann. Als Junge wirkte er ruhig, bescheiden und sehr höflich. Natürlich war er im Spiel sehr temperamentvoll, ein Reißertyp, wie man so schön sagt. Vielleicht wurde er zu oft und zu Unrecht gelobt.«

Nach einem 3:1-Sieg im Spitzenspiel 1971 gegen Dynamo Dresden grübelt die »FuWo«: Peter, Mannschaftskapitän in diesem Match, sei »agiler, konzentrierter und agressiver als alle drei Dynamo-Sturmspitzen zusammen« gewesen. Aber es bleibe die Frage, »ob er die Kapitänswürde braucht, um wie diesmal völlig auf seine Mätzchen verzichten zu können«. Rudi Glöckner, der Schiedsrichter-Star, wird 1970 in einem Leser-Interview der »Fuwo« auf Peters Unbeherrschtheiten angesprochen. Antwort: »Sie beeinträchtigen sein Leistungsvermögen. Das ist bei jedem der Fall, der unbeherrscht ist.« Wenig später wird Jenas 5:1 gegen den BFC ausgewertet, bei dem Peter einen Hattrick erzielt; er habe »diesmal auf alle Mätzchen verzichtet und voll konzentriert« gewirkt. Auch Bruder Roland wird 1969 im »FuWo«-Leserinterview auf Peters Unbeherrschtsein angesprochen. Diplomatisch-zurückhaltende Antwort: »Das hat viele gute, aber auch einige weniger gute Seiten.« 35 Jahre später sagt es Roland deutlich: »Eines ist klar: Wenn

Aus Blick und Geste spricht die aufrichtige Sorge um einen außergewöhnlichen Fußballer: WM-Final-Schiedsrichter (1970) Rudi Glöckner und Peter Ducke hatten mit den Jahren ein ganz besonderes Verhältnis entwickelt – hier am 28. 4. 1973 beim Oberliga-Punktspiel FC Carl Zeiss Jena - Dynamo Dresden.

die ihn so gemacht hätten, wie sie ihn gerne wollten, dann wäre er halb so wertvoll gewesen. Er musste seine Eigenheiten haben, und die hatte er. Und wenn man die abgeschliffen hätte, hätte keene Sau mehr nach ihm gefragt. Das war seine Stärke. Weil er ja auch alles für den Fußball gemacht hat. Der hat sich ja über Gott und die Welt aufgeregt, wenn es nicht so lief für ihn persönlich.«

»Wenn die ihn so gemacht hätten, wie sie ihn gerne wollten, dann wäre er halb so wertvoll gewesen.«

Roland Ducke

Hans-Georg Moldenhauer schlägt einen Bogen in die jüngere Vergangenheit: »Du hast heute genauso schräge Vögel, wenn ich den Basler oder den Effenberg nehme. Du hast auch solche Typen. Und das sind im Grunde genommen dann auch die schillernden Figuren. Nur ist heute alles mehr auf Showbusiness aus, was vielleicht bei manchen bewusst genutzt wird. In diesem Sinne war es früher schwerer, so ein Exot zu sein, weil zumindest in der DDR individuelle Dinge eingeordnet wurden ins Kollektiv. Das war gewiss ein Manko in der DDR. Man hat so etwas nicht gewünscht. Das sollte abgeschliffen werden. Das Kollektiv war alles. Für mich ist das ein Hauptgrund, weshalb die DDR nie führend geworden ist im Fußball – trotz einiger Weltklassespieler. Dieses Individuelle hat gefehlt. Peter Ducke ist da eine große Ausnahme. Wie er sich behauptet hat, wie er sich nicht hat einordnen lassen! Wie er sich nicht hat abscheren lassen! Wie er seine Persönlichkeit behalten hat!«

Reif, überreif

Georg Buschner lacht sich fast schlapp beim Erzählen: Peter Ducke und die SED! »Als er in die Partei eintreten sollte, hat er ein paar mal hier geklingelt. Ich darauf zu ihm: ›Peter, du musst es versuchen und sagen, du bist noch nicht weit entwickelt und reif genug. Hast noch nicht den Marxismus genug studiert.‹ Die Tour ist ihm gelungen. Dann war ein Jahr vergangen. Wahlen standen vor der Tür. Mehrere Sportler und Künstler in der DDR hatten deshalb angeblich beschlossen, dass sie in die Partei gehen. Und da musste auch der Ducke-Peter in die Partei. Vorher kam er wieder hierher. – Der damalige Klubleiter Eberhard Schindler hatte die Aufgabe, ihm zu sagen, dass er eintreten muss. – Peter berichtete, er habe es wieder mit der ›Reife‹ versucht. Das sei letztes Mal ja auch prima gelaufen. Diesmal habe Schindler gesagt: ›Peter, du bist jetzt reif; du bist überreif!‹«

In diesem Zusammenhang liest es sich sehr erheiternd, was Klub- und Parteileitung zu Peters Parteieintritt damals in einem Protokoll festhielten: »Wurde – ehe er zu uns kam und auch in der Zeit seines Hierseins – nicht immer der richtige Einfluss auf ihn genommen, konnte auch niemand eine schnelle politische Reife erwarten. Als diese Arbeit verstärkt von uns ausgeübt wurde, ging eine sprunghafte Entwicklung vor sich. Seinen krönenden Abschluss in der ersten Etappe fand dieser Erziehungseinfluss mit der Aufnahme von Peter Ducke in die SED.« Georg Buschner schüttet sich aus vor Lachen – er hat noch eine Genosse-Ducke-Erinnerung parat: »Später war dann auch mal Peters Parteiausweis weg. Den brauchte man zu Parteigruppen-Wahlen. Und den musste man abgeben, wenn's in den Westen ging. Peter zu Eberhard Schindler: ›Den musst DU haben!‹ War natürlich nicht so. Dann sind wir alle zu ihm nach Hause gefahren. Peter zu seiner Frau, die gar nicht in der Partei war: ›Den musst DU haben!‹ Sie nach kurzem Überlegen: ›Der muss hier drinnen sein.‹ Dann wurde eine Schublade aufgezogen, und da, zwischen einigen Schallplatten von James Last: der Parteiausweis. – Das war der Peter.«

Wohl wahr: Zur SED-Mitgliedschaft gab es für Hochleistungssportler in der DDR nur schwerlich eine Alternative. Alles aber spricht dafür, dass Peter nicht etwa ein kommunistischer Weltverbesserer oder gar ein Eiferer war. Gewiss, es existieren mehrere bei der Stasi abgeheftete Protokolle, die für gewöhnlich vor

Sportreisen in den Westen gefertigt wurden. – Staats- und Parteitreue in Persilschein-Format: Oft findet sich in Peters Stasi-Akte der Schlusssatz »Reisen in das KA [kapitalistische Ausland – T. S.] werden befürwortet«, davor Einschätzungen wie diese aus dem Jahr 1976 in Marxismus-Leninismus-Prosa: »Aus politischem Wissen hat er die Rolle des westdeutschen Sports im staatsmonopolistischen System erkannt und weiß insbesondere die Stellung der westdeutschen Leistungssportler in diesem System einzuschätzen. Er grenzt sich deshalb von ihnen ebenso eindeutig ab wie von den Auffassungen von Sportlern anderer kap. Länder.«

Nun ja, für die Öffentlichkeit war das weniger bestimmt. Problematisch konnte es werden, wenn die Agitprop-Maschine der DDR die Spitzensportler funktionalisierte. Beispielsweise im September 1973, als in Chile die Pinochet-Militärjunta den linken Staatspräsidenten Salvador Allende gestürzt hatte: Da sah sich auch »FuWo«-Chefredakteur Klaus Schlegel – seine Autorenschaft nur mit dem Kürzel »ks« kennzeichnend – in der Pflicht, aus fußballerischer Sicht einen flammenden Bericht in memoriam Salvador Allende zu schreiben. Es wird daran erinnert, wie Allende 1971 im Präsidentenpalast La Moneda die DDR-Nationalmannschaft empfangen hatte und ins Gleichnishafte gedriftet war: Er, Allende, habe früher selbst als Linksaußen gespielt – und kürzlich von dieser Position aus in Chile ein entscheidendes Tor geschossen ... Schlegel merkt an, ein Tor, einmal erzielt und anerkannt, sei nicht mehr zu annullieren. Und er entdeckte noch mehr Doppelsinniges: Allende, Arzt von Hause aus, sei in seinem beruflichen Leben im Dienst am Menschen und während seiner politischen Laufbahn im Dienen für sein Volk aufgegangen. Eben ein »Arzt im doppelten Sinne«. Zum Ende des Artikels hin wird Peter Ducke namentlich zitiert: Man habe beim FCCZ »mit starker innerer Anteilnahme verfolgt, was die imperialistische Reaktion in Chile in diesen Tagen vom Zaune brach. So furchtbar ihre Mittel sind, sie schreckte ja nicht einmal vor Mord zurück, so sehr steht für mich fest, dass sie damit nicht durchkommen wird.«

»Aus politischem Wissen hat er die Rolle des westdeutschen Sports im staatsmonopolistischen System erkannt.«

Aus einem Stasi-Papier

Bei einigen Lesern – so oberflächlich sind Medienkonsumenten mitunter – war anscheinend der Eindruck entstanden, Peter habe den Beitrag selbst geschrieben. Er erhielt einen Brief – die Stasi registrierte und kopierte – von einer Familie Israel aus Dresden, die in einer recht konservativen Haltung den Jenaer Star kritisierte, was erstaunlich anmutet, war die Verurteilung des chilenischen Militärputsches damals doch beileibe nicht nur Sache des »Ostblocks«: »Erstens distanzieren sich die Ärzte vom ›Arzt‹ Allende, und zweitens ist Ihr Vergleich mit dem Tor, das erzielt ist und nicht annulliert werden kann, verdammt sauer ... Nicht nur in Dresden wird darüber gelacht. Bleiben Sie ein Fußballer; Ihre politischen Ansichten sind seit eh und je miserabel. Dies ist kein Geheimnis und nimmt Ihnen in Fußballerkreisen niemand übel. Ich glaube auch nicht, daß die Meinung die Ihre ist, man weiß doch, wie diese Artikel entstehen. Sollte die ›FuWo‹ einen Druck auf die Punktwertung ausüben, lassen Sie die doch gewähren; ein Fußballer hat diese ›Einschätzung‹ nicht nötig ... Denken Sie daran, dass Sie kein Linksaußen sind ...«

Von zu Hause kann Peter fürs »Linksaußensein im Kopf« in der Tat nicht so viel mitbekommen haben. 1972 gibt die MfS-Kreisdienststelle Schönebeck einen »Ermittlungsbericht« über Peters Vater Ernst (Jahrgang 1898) an die Genossen in Jena weiter: »Er war nach 1945 Mitglied der SED, wurde aber aus der Grundorganisation des VEB Dieselmotorenwerk vor einigen Jahren aus nicht bekannten Gründen ausgeschlossen. Dem Staat gegenüber zeigt er eine loyale Einstellung. Am gesellschaftspolitischen Leben beteiligt er sich jedoch nicht, zeigt hierfür Desinteresse. In seinen Diskussionen äußert er kritisch seine Meinung zur Politik unseres Staates sowie zu Versorgungsfragen. Er interessiert sich jedoch für das westdeutsche Fernsehen, wie es durch fortschrittliche Bürger bekannt wurde. Bei einem Besuch in seiner Wohnung wurde festgestellt, dass er sich die Programmvorschau des Westfernsehens aufschreibt. An Feiertagen oder bei politischen Ereignissen tritt er im Wohngebiet nicht in Erscheinung ... Erst unter dem Einfluss von Alkohol geht er mehr aus sich heraus und wird gesprächig. Es kommt oft vor, dass er im Sportheim der BSG Motor Schönebeck angetroffen wird. Er trinkt gern Alkohol, manchmal etwas über das Maß hinaus ... Oft schläft er dann am Tisch ein. Wenn er sein Quantum an Alkohol getrunken hat, geht er ruhig und diszipliniert nach Hause.« Und über Peters Mutter Marie (Jahrgang 1903): »Sie ist Mitglied der SED. Auch sie ist in ihrem Wohngebiet gesellschaftspolitisch nicht tätig, besucht nicht einmal die Versammlungen der Wohnparteiorganisationen. Sie entrichtet lediglich ihren Beitrag ... Auch sie interessiert sich für das westdeutsche Fernsehen.«

Anders stand es lediglich um Peters älteren Bruder Erich (Jahrgang 1927) – er arbeitete als Dozent an der SED-Parteihochschule in Berlin-Pankow. Im Schönebecker Stasi-»Ermittlungsbericht« wird diese Karriere denn auch nicht mit dem Elternhaus begründet: »Er wurde hier in Schönebeck gemeinsam mit anderen jungen Menschen durch die Einwirkung fortschrittlicher Bürger zum Sozialismus erzogen.« Peter hält heute die Hände über seinen Bruder. Erich – im Übrigen ein Freund Kubas, der perfekt Spanisch sprach – habe es mit seiner politischen Haltung immer überzeugend ehrlich gemeint. »Das war kein Schwafler«, sagt Peter.

Zeha

Im Visier der Abwerber

Der Wunderstürmer – ein Kind des Systems DDR: Die Stasi machte das im Januar 1966 in einem »Auskunftsbericht« an den Informationen über den Versuch fest, Peter Ducke 1962 abzuwerben. – Ein bis heute von vielen beschriebenes, aber, so hat es den Anschein, doch nicht mehr lupenrein rekonstruierbares Ereignis. Damals hatte der FC Carl Zeiss Jena im schwedischen Malmö das Europa-Cup-Rückspiel gegen Atletico Madrid zu bestreiten (weil die Jenaer gemäß NATO-Beschluss keine Einreise ins westliche Ausland erhielten und die Auswärtsbegegnungen auf neutralem Platz austragen mussten). Im Stasi-»Auskunftsbericht« wird der Abwerbe-Zwischenfall so beschrieben: Man könne bei Peter Ducke sagen, »dass er treu zu unserem Staate steht. Am deutlichsten bewies er 1962 seine Haltung und Stellung zu unserer Republik und zur sozialistischen Sportbewegung. Bei dem Spiel gegen Atletico Madrid in Malmö wurden bei ihm zielgerichtete Abwerbeversuche unternommen mit dem Angebot, 30 000 DM West für sofortiges Mitkommen und 60 000 Dollar bei der Überführung nach Spanien. Der spanische Menschenhändler, der in Bremen stationiert ist, wurde durch Peter D. zur Lächerlichkeit verurteilt.«

Peter ordnet das Thema heute so ein: Immer habe es nach den internationalen Spielen Banketts gegeben. In Mexiko, Chile, Uruguay zum Beispiel seien offiziell wegen seiner Person Abwerbe-Anträge an die DDR-Delegationsleitungen gerichtet worden. – »Wir verkaufen keine Menschen«, habe dann stets die Erwiderung der Offiziellen gelautet. »Ich hatte mit Roland viel über das Thema nachgedacht. Wir sagten uns: Ja, du nennst dich zwar Amateur, aber du hast den Traumjob, kannst ausschlafen, vielleicht studieren, dir was schaffen. Uns geht's doch gut. Optimal.« Die konkreten Abwerbe-Versuche hatten aber auch einen Peter Ducke offenbar immer wieder ins Schwanken gebracht. Sogar 1975 beim Europacup-Rückspiel in Marseille gegen Olympique sei ihm, dem damals schon fast 34-Jährigen, noch einmal ein konkretes Angebot gemacht worden. Er habe für sich damals nur noch resümiert: »Scheiße, warum kann ich nicht meine Familie nehmen und da hinfahren?«

Von eigener Dramatik war aber doch die Geschichte in Malmö, 1962. Peter: »Wieder ein Bankett. Da kommt an unseren Tisch ein großer, kräftiger Kerl. Sah aus wie ein Unternehmer. Es war ein Deutscher aus Bremen. Er: ›Kann ich mal

Mit gepackten Koffern: Die DDR-Nationalmannschaft vor dem Abflug zur Südamerika-Reise 1963. Peter Ducke 5. v. l.

Peter Ducke sprechen? Würden Sie einen Moment mitkommen?‹ Wir saßen aber unter den Offiziellen. Klubchef Schindler, Trainer Buschner. Und ich sagte: ›Ja, ich komm mit.‹ Da wurden die schon alle stutzig. Der Typ ging also mit mir raus, sagte: ›Wenn Sie Interesse haben …‹ Unten stand ein Mercedes. ›Sie werden weggefahren, brauchen sich um nichts zu kümmern. Ist alles schon geregelt.‹ Ich hatte dann schon gemerkt, wie die Bauchschmerzen kribbelten. Der Mann sagte: ›Sie kriegen erst einmal 80 000 Mark – hier drin. Sofort auf die Hand.‹«

Peters Bruder Roland hat die Angelegenheit bis zu unserem Gespräch nur Wochen vor seinem Tod immer gespalten betrachtet: Zu der Zeit habe es kaum einen besseren Trainer als Georg Buschner gegeben. »Da hätten wir anderswo auch kaum mehr gelernt. Und gewiss, wir hätten in den Bundesligamannschaften mithalten können.« Beim Abwerbe-Zwischenfall in Malmö kam Roland eine kleine Rolle zu: »Ich bin dazugekommen; da war so ein Tisch, und da lagen 50 000 Dollar. Peter stand daneben. Und da hab ich natürlich Angst gekriegt. Also ich hin zu Buschner: ›Horch zu, die wollen den kaufen.‹« Bis heute ärgert sich Roland, wie diese Geschichte nach der Wende in einer Zeitschrift wiedergegeben wurde. »Ich hätte ihn bespitzelt! Auf diesen Vorwurf wäre mein Bruder sicher nicht gekommen.« Immerhin habe Peter aber später immer wieder zu ihm einmal gesagt: »Wenn du mich damals anders beraten hättest …«

Georg Buschner blickt folgendermaßen auf die Malmö-Geschichte: »DFV-Generalsekretär Kurt Michalski war als Delegationsleiter dabei. Da war durchgesickert, dass Spielerberater, Einkäufer von Werder Bremen, angesetzt waren auf Peter Ducke. Der Mann hat sich bei uns vorgestellt, der lebte ja in einer anderen Welt; ja, die Wessis haben in ihrer Welt gelebt. Ich jedenfalls zu ihm: ›Klar, das können wir verhandeln.‹ Und da gab es Angebote. – Vor der Tür steht ein Mercedes. Weiß noch, wie er sagte, der gehört sofort dem Peter Ducke, wenn er hier bleiben würde. Es wurde uns nichts Genaues gesagt, aber ich weiß, er hätte DAMALS sofort 25 000 Mark auf die Hand bekommen. Dazu eine einmalige Summe, die nicht näher bezeichnet wurde. So wäre er damals mit 19 oder 20 Jahren einer der teuersten Spieler der Welt gewesen. Aber er hatte seine Freundin, Ingrid. Aus Liebe hatte er sich nicht bereden lassen. Es war das erste offizielle Angebot, das massiert an ihn herangetragen worden ist.« Sonja Buschner: »Peter war nie der, der kalkuliert hat, ob er materiell dabei gut fährt. Der hat an seine Ingrid gedacht und an was weiß ich. Der hat gar nicht richtig wahrgenommen, um welche Summen es da ging.«

Deutlich wird hier, dass es damals wohl nicht, wie die Stasi protokollierte, um die Abwerbung nach Madrid, sondern zu Werder Bremen ging. Fest überzeugt davon ist Max Lorenz (Jahrgang 1939). Der einstige Abwehr- und Mittelfeldkicker hat es auf 176 Bundesligaspiele für Werder Bremen und 71 für Eintracht Braunschweig gebracht, wo er mit dem in den Westen geflohenen vormaligen

FC-Carl-Zeiss-Spieler Michael Polywka in einem Team stand. Lorenz war als Nationalspieler mit der BRD-Auswahl bei den WM-Endrunden 1966 und 1970 dabei. »In der DDR gab es tolle, tolle Fußballer«, sagt Max Lorenz. »Peter Ducke war für uns einer der ganz, ganz Großen; der war ein Goalgetter.« Lorenz erinnert sich an ein Senioren-Spiel mit der Uwe-Seeler-Traditionsmannschaft 2002 im Sommer in Bautzen. Selbst da sei Peter Ducke im gegnerischen Team immer noch »ein eiskalter Hund« gewesen. »Er hatte damals bei uns im Westen eine unheimliche Anerkennung und wurde hier bei Werder Bremen immer wieder gehandelt. Man hätte sich gerne mit dem Peter Ducke verstärkt. Hansi Wolff, zu der Zeit einer der größten – wie es heute heißt: Manager, er hatte damals mit Peter Ducke verhandelt. Es wurde immer gesagt, dass auch unser Schatzmeister bei dem Treffen dabei war. Hansi Wolff war der Geschäftsführer, wollte nie Manager genannt werden; aber man hatte nicht ohne Grund diesen Verein ›SV Wolff‹ genannt. Das war der große Macher der 50er, 60er und 70er Jahre. Er war sehr, sehr rührig, er war ein sympathischer Mann.« Wie man anno dazumal im Westen den DDR-Fußball verfolgt hat? In Bremen sei das mit dem Fernsehen etwas kompliziert gewesen. »Da kamen ja keine klaren Bilder rüber. Aber in Braunschweig, da haben wir alle DDR-Fußball geguckt.« Max Lorenz erinnert sich an Namen wie Günther Heise, Horst Stange, Kalli Ebert – »insgesamt bestimmt sechs, sieben aus dem Osten. Nur den Ducke haben wir nicht bekommen.«

Dr. Franz Böhmert, 1970 bis 1989 Werder-Präsident und bis zu seinem Tode im Dezember 2004 Aufsichtratsvorsitzender bei den Bremern, fühlte sich Jena verbunden: Er hatte an der Friedrich-Schiller-Universität in Jena Medizin studiert und fakultativ beim Hochschullehrer Georg Buschner Unterricht gehabt. Böhmert, seit 1955 in Westberlin, seit 1961 in Bremen, hat die Malmö-Geschichte von Hansi Wolff so nie erzählt bekommen, wie er für die Peter-Ducke-Story zu Protokoll gab. »Aber ich halte das natürlich für möglich.« Er selbst habe in den Jahren seiner Präsidentschaft – von der Stasi allzeit der Sportler-Abwerbung bezichtigt – jegliche Bemühungen um DDR-Spieler zurückgestellt. Und dies nicht zuletzt wegen seiner vielen Verwandten in der DDR. »Wenn DDR-Mannschaften hier bei uns spielten, war ich heilfroh, wenn anschließend alle im Bus saßen.« Jedoch habe er offiziell versucht, Georg Buschner als Trainer für Werder Bremen zu gewinnen. »Es wurde mir gesagt, Georg Buschner habe kein Interesse.« Die Jenaer Trainer-Legende erfuhr erst kurz vor der Wende davon: »Die Bremer haben es legal mit allen Hebeln versucht. – Über Genscher und das DDR-Außenministerium«, sagt Buschner. Und dann sein Treffen im Sommer 1989 in Warnemünde mit Franz Böhmert, Werder-Manager Willy Lemke und dessen Schalke-Kollegen Rudi Assauer. Die hätten zu ihm gesagt: »Schade, dass Sie damals nicht wollten ...«

Quelle Jens Bensen

Ob dieses Resümee – auf Peter Ducke bezogen – auch einmal von Stasi-Leuten gezogen worden ist? Denn unbestreitbar: Das Ministerium für Staatssicherheit hat dem »schwarzen Peter« nicht nur bis unter außereheliche Bettdecken hinterhergeleuchtet. Es hat zum Beispiel nicht nur haarklein archiviert, dass Peter Ducke im Jahr 1966 etwa 16 000 DDR-Mark für eine Doppelhaushälfte im Wohnviertel Schlegelsberg bezahlen sollte und überdies 5000 DDR-Mark für die Herrichtung des Gebäudes ausgab. Es hat nicht nur protokolliert, dass Peter in Rudolstadt im Intershop einkaufte und in dem Städtchen südlich von Jena persönlichen Kontakt mit Bundesbürgern pflegte. Es hat auch eifrig versucht, sich die Dienste des Stürmerstars zu sichern.

Im August 1976 legte der »VEB Horch & Guck« das Thema zwar mit nahezu beleidigtem Kommentar ad acta: »Auf Grund der bevorstehenden Beendigung seiner sportlichen Laufbahn und der damit verbundenen Herauslösung aus dem Reisekaderstamm des FC Carl Zeiss Jena sowie der mangelhaften Zusammenarbeit ohne den angestrebten operativen Nutzen wird vorgeschlagen, die GMS-Akte zu schließen (GMS: Gesellschaftlicher Mitarbeiter Staatssicherheit – Anm. T. S.)«, so schrieb der damalige stellvertretende Jenaer MfS-Kreisdienststellenleiter Nowack. Zuvor jedoch wurde Peter Ducke fast zehn Jahre lang von den Mielke-Dienern wie das goldene Kalb umtanzt.

Ein wesentlicher Auslöser dafür war die erwähnte »Republiksflucht« des Jenaer Jung-Stars Michael Polywka, der 1966 das 0:0 ausgegangene IFC-Spiel in Stockholm nutzte, um im Westen zu bleiben und bei Eintracht Braunschweig anzuheuern. Die Stasi reagierte nervös und gab zu Protokoll: »Auch an eine Reihe anderer Spieler traten Abwerber heran. Es zeigte sich, dass die bisherige pol.-ideol. Arbeit verbessert werden muss und die Notwendigkeit besteht, das Oberliga-Kollektiv operativ abzusichern. Aus diesem Grund ist ein IM zu gewinnen.« Peter Ducke stand dabei konkret im Visier, denn dieser »Kandidat ist geistig beweglich, aufgeschlossen und kann sich, wenn erforderlich, anderen Personen anpassen. Er verfügt über sehr gute und vielseitige Kontakte bzw. Verbindungen zu Spielern, Sportlern, Funktionären und Sportanhängern in Jena, der DDR, in WD und im KA.« Rasch wurde zum Beispiel der Plan gestrickt, dass Peter an Michael Polywka schreibt – in Zusammenarbeit mit der Leitung des Klubs und das MfS im

Hintergrund belassend, um jegliche »Dekonspiration«, wie die Stasi notierte, zu vermeiden.

Im Frühjahr 1967 versuchte die Jenaer MfS-Kreisdienststelle, Peter Ducke verbindlich als IM, als Inoffiziellen Mitarbeiter, zu gewinnen. Das belegt in Peters Akte der »Bericht über die durchgeführte Werbung« vom 25. Mai 1967, unterschrieben von drei Stasi-Offizieren: einem Oberfeldwebel Härzer, einem Hauptmann Ehrhardt und einem Major Müller, Leiter der Kreisdienststelle. In der konspirativen Wohnung »Einsiedler« würdigte Peter während des Anwerbungsgesprächs zwar die Arbeit des MfS und sagte Unterstützung zu, weil es »dem FC und der Republik dient«, so heißt es in dem Bericht. Aber: »Eine Unklarheit trat insofern auf, als er seine Tätigkeit als eine Art ›Spitzeltätigkeit‹ ansah.« Der Genosse Ehrhardt habe ihm daraufhin anhand der »Würdigung der Arbeit des MfS durch die Partei erläutert, dass diese Arbeit nichts gemein hat mit der eines Spitzels, zumal die vorbeugende Arbeit große Bedeutung erlangt«. Ehrhardt ordnete handschriftlich zum Fall des so genannten Vorlauf-IM (»VIM«) Ducke an: »Den Kandidaten nicht schriftlich verpflichten – auf Handschlag! Die Erklärung der Schweigepflicht liegt bereits vor.« Walter Jahn, der einstige Klub-Nachwuchs-Chef, kommt in seiner Dokumentation »Der Einfluss des MfS auf den FC Carl Zeiss« zum Schluss, dass die Anwerbung folglich nicht durch eine schriftliche Verpflichtung gekrönt wurde. Peter Ducke sei als gesellschaftlicher Informant (»GI«), als »gesellschaftlicher Mitarbeiter Staatssicherheit« (»GMS«) abgeschöpft worden und im Gegensatz zu 26 anderen Spielern, Klubmitgliedern und Funktionären kein »IM« gewesen.

»IM« – ja, nein? Diese Frage stand noch einmal im Mittelpunkt, als Peter nach der Wende als Lehrer im öffentlichen Dienst auf Stasi-Mitarbeit überprüft und wegen der komplizierten Aktenlage für letzthin zehn Wochen beurlaubt wurde. Jürgen Haschke, der in Jena lebende damalige Leiter der Thüringer Gauck-Außenstelle und spätere langjährige Landesbeauftragte für die Stasi-Unterlagen, er fertigte persönlich eine gutachterliche Stellungnahme zur Akte Ducke an und kam zu dem Schluss, dass es keine Verpflichtungserklärung gebe; Ducke sei eindeutig als Quelle abgeschöpft worden. – Für die Spezialisten der Gauck/Birthler-Behörde eine relativ normale Einordnung: Die Kommunikationskanäle jener DDR-Bürger in sehr gehobener Stellung waren generell angezapft – weshalb aus heutiger Sicht die MfS-Zuordnungen »GMS« und »GI« jedoch nicht automatisch als ehrenrührig zu gelten haben. Hilmar Ahnert, der langjährige Klub-Chef, erinnert sich an den Stasi-Offizier Karli Härzer und dessen persönliche Kontakte zum Stürmerstar: »Die haben das ganz geschickt gemacht, eben familiär gehalten und alles aufgeschrieben, ohne dass Peter etwas davon wusste.«

Peter Duckes Problem nach der Wende mag gewesen sein, dass die Stasi ihn ohne sein Wissen als IM »Jens Bensen« (in Anlehnung an seinen Geburtsort) geführt hatte. Der Einschnitt im Jahr 1993 ist ihm unvergesslich: »›Ducke Stasi?‹ Ich weiß noch, wie die Medien auf das Thema ansprangen. Wie die Schüler streikten, um sich mit mir zu solidarisieren. Das waren schlimme Wochen.« Vergessen werde er auch nicht, dass sich Bernd Stange – damals Sportdirektor von Hertha BSC Berlin und zu Peters aktiven Zeiten beim FCCZ Co-Trainer unter Hans Meyer – bei ihm meldete. »Der hat nachts angerufen und gesagt: ›Peter, das stehst du durch!‹« Pikant daran ist, dass Bernd Stange, der spätere Globetrotter unter den deutschen Coaches, 1995 bei den Berlinern wegen des Verdachts der Stasi-Mitarbeit in die Enge geriet und abtrat.

Zum »Sportler des Jahres« der DDR wurde Peter Ducke nie gewählt – seine nachträgliche Ernennung dazu für das Jahr 1965 ist ein eher unrühmliches Beispiel für die Sportpolitik der DDR.

Junge Welt

ORGAN DES ZENTRALRATS DER FREIEN DEUTSCHEN JUGEND
108 BERLIN, MOHRENSTRASSE 36/37, FERNRUF 22 80 70
POSTFACH 1214

Sportfreund
Peter Ducke
69 Jena
Str. 1
FC Carl Zeiss

Unser Zeichen | Tag 23.11.1972 | Bei Beantwortung bitten

Lieber Peter!

Möglicherweise hast Du bereits den veröffentlichten Listen der bisherigen "Sportler des Jahres" der DDR im ND und Sport-Echo entnommen, daß wir Dich nachträglich zum "DDR-Sportler des Jahres 1965" gekürt haben. Du weißt sicherlich, daß diesen Titel damals Jürgen May erhielt, der 1967 unsere Republik verraten hat. Inzwischen wurde ihm dieser Titel aberkannt, da Du 1965 hinter ihm auf den 2. Platz kamst, so haben wir Dich an seiner Stelle nachträglich zum "Sportler des Jahres 1965" ernannt.

Der Südamerikaner

Peter Ducke rein sportlich betrachtet: »eine dramatische Figur«. So ordnet ihn Hans Meyer ein, der Klub-Cheftrainer, der am 1. Juli 1971 aus der Assistenztrainer-Rolle heraus die Nachfolge von Georg Buschner angetreten hatte und somit Peters zweiter Jenaer Coach wurde. Hans Meyer muss 34 Jahre später in seinem Bad Hersfelder Haus nicht lange überlegen: »Er hat ein Riesenpech gehabt, der Junge.« Wenn er an Peter Ducke denke, an dessen fußballerische Fähigkeiten, so sagt Meyer, dann gerate er ins Schwärmen. »Er war ein ganz Großer.« Und dennoch: Peters großes Unglück 1966 in Mexiko! Ducke habe deshalb zwei Jahre seiner Karriere komplett verloren, sagt Meyer. Er habe später nie wieder diesen irrsinnig starken Antritt gehabt. »Dass er später noch einmal in eine so große Form zurückgekommen ist, muss man seiner Verrücktheit zuschreiben.« Gleichwohl also Meyers Schluss, dass Peter nach Mexiko »nie wieder ganz rund gelaufen« ist. Dieser harten Meyer-These sei weiter gefolgt, mag sie auch verwegen anmuten, wenn man bedenkt, dass Peter nach dieser seiner »Stunde Null« von Mexiko noch zehn aktive Jahre hatte und viele Erfolge feierte.

Den Urgrund für Peters Verletzungspech 1966 in Mexiko hat Stadionsprecher Rolf Weidner beeindruckend skizziert: »Ich habe ihm oft gesagt: ›Mensch, Peter, versetz dich mal in die Lage des Abwehrspielers: Einmal kommst du von rechts, lässt ihn stehen. Dann kommst du von links, und er steht wieder im Leeren. Beim dritten, vierten Mal sagt er sich dann: ›Pass auf, Ducke, wer bist denn du‹, und haut dir ein paar in die Knochen. Ich hab das immer für unfair gehalten, die sportliche Überlegenheit von ihm nicht anzuerkennen.

Andere Seite: Jena hatte ja mit Michael Strempel einen in der Mannschaft, der nicht unbedingt die feinste Klinge geschlagen hat, nicht unbedingt dafür gesorgt hat, dass die Jenaer Mannschaft den Fairplaypokal gewinnen konnte. Habe ich ihn in der eigenen Mannschaft, ist er mir sympathisch, habe ich ihn in der gegnerischen Mannschaft, ist er mir unsympathisch. Jede Mannschaft hätte damals den Strempel in seiner Bestform gern gehabt, aber keiner wollte gegen ihn spielen.«

Peter Duckes Unglücksengel hieß Jiři Tichy, Verteidiger bei Sparta Prag und tschechischer Nationalspieler. Nur zu gut kannte Tichy »seinen« Peter Ducke … Nach dem 2:1-Sieg der DDR am 21. November 1962 in Berlin gegen die ČSSR –

Mit dieser Fußstellung nach innen zu flanken – das beherrschen nur ganz wenige: Beim 3:2 im Europapokal der Meister in der Saison 1970/71 gegen Roter Stern Belgrad in Hochform: Peter Ducke.

die gerade in Chile Vizeweltmeister geworden waren – gab Tichy der »FuWo« eine Einschätzung über Peter Ducke: »Man kann wohl mit Fug und Recht behaupten, daß der Mittelstürmer einer der besten Angriffsspieler der deutschen Nationalmannschaft war. Er war für mich schon deshalb ein unangenehmer Partner, weil er sich in keiner Spielphase an seine Mittelstürmerposition gebunden fühlte, ständig auf die Flügel auswich und mich ununterbrochen beschäftigte. Das fehlte vor allem unseren Stürmern. Ich war außerdem beeindruckt von der ungewöhnlichen Antrittsschnelligkeit Peter Duckes [100-Meter-Bestzeit 11,4 – T. S.], der selbst in schnellstem Lauf und in der Bedrängnis noch den Ball sicher beherrschte.«

Dann das neuerliche Aufeinandertreffen der beiden gut drei Jahre später bei einem Turnier in Mexiko-City; fünf Spiele hatte die DDR-Nationalelf hier zu bestreiten. Peter hatte Ende 1965 gerade mit seinem Jenaer Klub eine Orient-Reise hinter sich: Zypern, Libanon. Danach nur ein paar Stunden Aufenthalt in Berlin-Schönefeld und mit der Nationalmannschaft gleich weiter nach Mexiko. In der 1968 veröffentlichten Roland-Ducke-Biografie von Willi Conrad wird die Atmosphäre dieses Turniers beschrieben: 24 Stunden nach Ankunft ging es gegen den mexikanischen Meister Chivas Guadalajara. »40.000 Zuschauer standen wie ein Mann hinter ihrer Mannschaft, die über ein 1:1 zur Pause bis auf 4:2 davonzog. Aber alle schwenkten um und feierten die deutsche Elf mit der ganzen Leidenschaft mexikanischer Fußballenthusiasten, als sich unsere Jungen großartig steigerten und schließlich ein sehr achtbares 4:4 erreichten. Peter Ducke hatte in der 79. Minute für den hochverdienten Ausgleich gesorgt.«

Immer wieder betont Peter heute seine besondere Zuneigung zu den Lateinamerikanern. Bei seinen Auftritten dort, sagt Peter, habe es immer geheißen: »Da ist ja aus Deutschland einer dabei, der macht filigran das, was wir Südamerikaner drauf haben. Die haben nach 15, 20 Minuten gesagt, hei, der macht hier alles verrückt. Nicht nur am Ball, sondern auch theatralisch. Ausflippen und so. So was lieben die, so was brauchen die. Die Schlagzeilen waren auch entsprechend: ›Ein Deutscher, der südländisch flucht‹ und so. – Ja, ich wäre dort gern geblieben; dort wird noch mehr gezaubert. Es ist mir eben viel durch die Lappen gegangen. Nicht nur materiell.« Das zweite Spiel in Mexiko gegen Atlas Guadalajara endete mit 1:2, »weil auch in diesem Spiel die Männer aus der DDR erst im zweiten Abschnitt richtig aufwachten, ohne allerdings wie im vorangegangenen Kampf das Blatt noch wenden zu können«, schreibt Willi Conrad.

»Es klang, als wäre eine Zaunlatte entzwei gegangen.« Peter Ducke

Und dann Peters »Stunde Null« am 20. Januar 1966, in jener 73. Minute des danach 2:3 ausgegangenen Matchs gegen Sparta Prag. Der »FuWo«-Bericht dazu birgt aus Ducke-Perspektive eine dramatische Steigerung. Allerdings tröpfelt die traurige Hauptsache etwas herzlos im Nebensatz hinterher: »Man wusste um die

Gefährlichkeit eines Peter Ducke und Henning Frenzel. Mit einem übergroßen Schwung, einer das Reglement oftmals überschreitenden Härte gingen einige Prager Abwehrspieler unseren Stürmern zu Leibe ... Das kostete unsere Elf mit dem Ausscheiden von Frenzel (Schienbeinverletzung) nach fünf Minuten (ein Foul von Tichy und Dyba) die Preisgabe unserer Marschroute im Angriff (Doppelspitze), ließ Peter Ducke immer zurückhaltender werden. Dem Schiedsrichter kann dabei der Vorwurf nicht erspart werden, durch Großzügigkeit und manche Inkonsequenz die Spielleitung zeitweilig aus der Hand gegeben zu haben, eine Tatsache, die das Publikum mit langen Pfeifkonzerten beantwortete.« Und dann kommt's. Es ist die Rede von »turbulenten Szenen«, als die DDR-Elf – 1:3 im Rückstand – »energiegeladen das 2:3 und 3:3 anstrebte und Tichy das Bein gefährlich drüberhielt, als Peter Ducke abschoss und mit gebrochenem Schien- und Wadenbein ins Krankenhaus eingeliefert werden musste«. Vom Platz gestellt wurde Tichy im Übrigen damals nicht, sondern – dem »Rot« wohl vorbeugend – in der 74. Minute ausgewechselt.

Peter erinnert sich so an die Szene: »Ich hatte vom Mittelfeld aus den eigenen Reihen den Ball bekommen, einige Spieler umkurvt; war so fünfundzwanzig, dreißig Meter gelaufen. Wollte abziehen. Und dann kam Tichy. Zwei Meter groß, der Kerl. Der ist frontal rein mit gestrecktem Bein. Ich bin durch die Luft geflogen. Bein weggeknickt. Mir war's übel.« Dem einstigen Trainer des FC St. Pauli Erwin Türk beschrieb Peter einige Wochen später in einem (von der Stasi kopierten) Brief jenen Schreckensmoment: »Es klang, als wäre eine Zaunlatte entzwei gegangen.«

Nach der rüden Attacke des Tschechen blieb Peter zunächst zehn Tage im »Sanatorio Espanol« in Mexiko-City. Die »FuWo«: »Über mangelnde Anteilnahme konnte sich der Mittelstürmer nicht beklagen. Trotz des Schildes an der Tür ›Eintritt verboten!‹ herrschte den ganzen Tag von früh bis spät Hochbetrieb an seinem Krankenbett. Da das Zimmer nicht alle Blumen aufnehmen konnte, mussten viele Sträuße auf dem Flur abgestellt werden, so dass den Besuchern der Weg zum Zimmer 24, in dem Peter lag, recht farbenprächtig gewiesen wurde. Fotoreporter umlagerten fast ständig das Zimmer und waren immer auf der Jagd nach einem guten Schnappschuss. In einer Sportsendung der drei mexikanischen Fernsehgesellschaften wurde an erster Stelle ein ausführlicher Bericht aus dem Krankenzimmer gebracht. Ein unbekannter mexikanischer Fußballanhänger hatte sogar einen kleinen Fernseher zur Unterhaltung geschickt.«

Rasch ging indes die Nachricht von Peters Pech im wahrsten Sinne um die Welt. »FuWo« berichtet über den gleichzeitigen Aufenthalt einer DDR-Nachwuchsauswahl in Ägypten. Da wird der Jenaer Michael Polywka (noch Monate vor seiner »Republiksflucht«) erwähnt, der in Kairo bei einer Industrieausstellung Anfang 1966 einen guten Bekannten getroffen habe, den FCCZ-Vorsitzenden und

Zeiss-Generaldirektor Ernst Gallerach. Polywka: »Aber die Zusammenkunft wird dadurch getrübt, dass wir auf diesem Weg von der schweren Verletzung Peter Duckes erfahren.« Peters behandelnder mexikanischer Arzt, ein Prof. Dr. Teufer, wird in einem anderen Report zum Mexiko-Turnier der DDR-Elf so zitiert: »Es ist ein Bruch, der quer durch den Knochen geht und keine Komplikationen hervorrief.« In sechs Monaten werde Peter Ducke wieder spielen können – was sich als Irrtum herausstellen sollte.

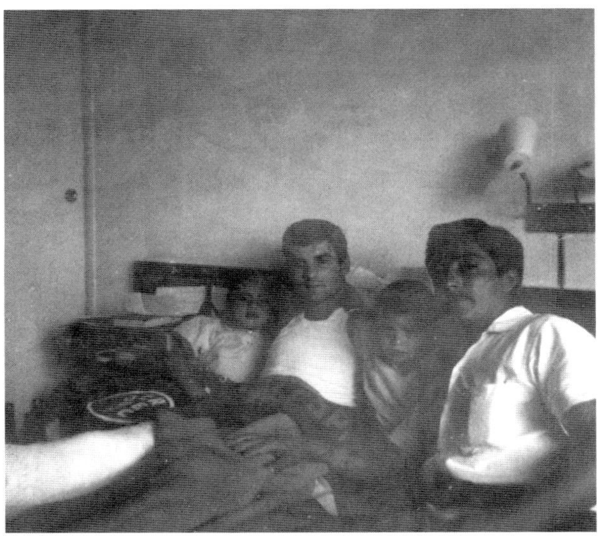

In Mexiko ein Star: Mit einigen der zahlreichen mexikanischen Fans, die ihn im Krankenhaus besuchten, nach der schweren Verletzung im Spiel gegen die ČSSR im »Sanatorio Español« von Mexiko-City.

Wie ein Diadem

Die Weichen dieser Krankengeschichte wurden womöglich schon deshalb in Richtung »langes Abstellgleis« gestellt, weil Peter Ducke, wie er sich erinnert, mangels Devisen recht rasch aus dem Krankenhaus entlassen wurde. Immerhin seien 80 Dollar pro Tag fällig gewesen. Das Bein »einfach zusammengebunden«, so sei »alles verrutscht«, wie Peter sagt.

Hilmar Ahnert, der Mannschaftskamerad und Ex-Klub-Chef, erinnert sich so: »Er kommt nach Jena zurück mit einem Bein in Gips und zwei Krücken: Schien- und Wadenbein falsch zusammengewachsen. Er war wohl mit dem Bein zu zeitig aufgetreten, hatte nicht gehört, was man ihm gesagt hatte.« Prof. Johannes Gessner, »ein ganz großartiger Arzt«, habe den Peter erst einmal zwei Tage in die Streckmaschine gehängt. »Dann musste er noch einmal operiert werden. Er hatte ein Einzelzimmer; seine Frau durfte mit bei ihm schlafen; es wurde alles für ihn möglich gemacht.« Ja, sagt Peter, »das war Wahnsinn, die Betreuung war einzigartig. Ich kam wir vor wie ein DIADEM«. Er lag zunächst im Agricola-Krankenhaus, Saalfeld. Nachts habe er von Unterwellenborn her das Feuer des Stahlwerks Maxhütte leuchten sehen. »Und Hans Gessner sagte mir immer: ›Peter, du wirst noch besser als vorher.‹«

Dann die sieben Monate Reha: Die Muskulatur sei quasi verschwunden gewesen, er habe viel mit Gewichten arbeiten, an der Sprossenwand sich mit Sandsack bewegen müssen. Auf dem Programm habe sehr oft Schwimmen zu Extrazeiten im Jenaer Volksbad gestanden. »Dazu viel Unterwassermassage. Das zieht, du denkst, das bricht durch. Dann Torschusswand – stundenlang. Jongliert, Antritt, individuelles Training.« Leichte Ballspielarten auch, dazu Seilspringen. Eine große Rolle habe hier Athletik-Trainer Dr. Paul Dern gespielt. In einem Stasi-Protokoll vom 3. März 1967 ist über Peter vermerkt: »Nachdem er verspürte, dass man sich um seine Genesung bemüht, tat er alles, um diesen Prozess zu unterstützen, und alle Unzufriedenheit, die die Verletzung durch eine Reihe von Unzulänglichkeiten in der ersten Phase mit sich gebracht hatte, war bald vergessen. D. trainiert geradezu besessen.« Der tschechische Fußballverband hatte Peter Ducke im Übrigen zum Zwecke der Wiedergutmachung eingeladen gehabt, Erholungsurlaub zu machen im Nachbarland. »Ich hab es nicht angenommen. War eben verbissen, aggressiv.«

Erst im August 1966 fiel Peter erstmals wieder der (FuWo-)Öffentlichkeit auf. Da ließ er sich 14 Tage nach der Abnahme seines Gehgipses beim Heimspiel des FCCZ gegen Union Berlin als Zuschauer auf der Tribüne sehen. Weil sein Bruder beim 5:0 zwei Tore schoss, flachste Peter mit den Journalisten herum: Roland erledige seinen Job doch wohl gleich mit. Am 1. April 1967, 14 Monate nach dem Unglück von Mexiko, trat Peter erstmals wieder für seinen Klub ans Leder. Bei einem mit 5:3 gewonnen Freundschaftsspiel gegen Meiningen. 2500 Zuschauer kamen, obwohl das Gegnerteam lediglich in der Bezirkliga spielte. Die Zuschauer, heißt es in der »FuWo«, hätten vor allem Peter Ducke wiedersehen wollen. »Er wusste auch schon mit einigen gefährlichen Schüssen zu überzeugen.«

Peter erinnert sich, wie er in der Klub-Reservemannschaft seine Rekonvaleszenzeit begann, wie er alle Spiele der »Zweiten« bis zum Aufstieg aus der Bezirksliga in die DDR-Liga, der damals zweithöchsten ostdeutschen Spielklasse, mitmachte. »Ich denke, mich trieb ein starker Wille, wieder Anschluss zu finden. Habe Zwiegespräche mit mir selbst geführt und gemerkt: Es hilft!« Die Jenaer Zuschauer habe es gar nicht interessiert, ob die ersten Spiele mit ihm verloren gingen oder nicht. »Die wollten sehen, wie es mit mir aufwärts geht.« Peter trug in dieser Zeit einen Spezial-Schienbeinschützer: Gummi ringsum, vorn Plasteschicht, kleiner Gummizug drüber, Luftschicht vorm Schienbein. »Das war wie, wie ... – flexibel. Sonst hatte ich nie mit Schienbeinschützern gespielt. Dieses Ding ist dann auch hin- und hergerutscht. Und ich merkte: da kannst du deine Filigrantechnik nicht ausspielen.« Was äußerlich von der Verletzung blieb? Das in Jena damals zum Allgemeingut gewordene Bulletin sagt klar: Sein rechtes Bein war etwa einen Zentimeter kürzer geworden. Peter hat zig Jahre später vorm Reporter keine Hemmung, sein rechtes Schienbein zu lüften. »Merkt man heute noch: alles dick hier. Und siehst du? An dieser Stelle – da gingen die Stollen rein.«

Comeback mit Paukenschlag? Nun, so richtig laut hatte es damals nicht gedröhnt. Aber ein bisschen. Nach der Verletzung im Januar 1966 bestritt er am 23. April 1967 wieder sein erstes Erstliga-Punktspiel gegen Lok Stendal, das mit 0:1 verloren ging. Vorm Heimspiel am 9. Mai 1967 gegen den 1. FC Lok Leipzig stand der FC Carl Zeiss recht bescheiden da: nach vier Spielen ohne Torerfolg auf dem fünftletzten Platz, den Abstiegsstrudel schon vor Augen. Auch gegen die Leipziger lag Jena zur Halbzeit mit 0:1 zurück. Dann aber die 56. Minute, wie sie die »FuWo« sah: »Ehe Gießner im Bilde war, hatte sich Peter Ducke um ihn herumgewunden und war eher am Ball als Weigang. Bogenlampenartig senkte sich der Ball zum 1:1 ins linke obere Eck.« – Nach dem 2:0 am 11. Dezember 1965 gegen den Berliner Armeesportklub Vorwärts war dies der erste Oberliga-Treffer, den der Schwarzschopf in seiner »postmexikanischen« Ära erzielte.

Sein internationales Comeback hatte Peter im Juli 1967 im Intercup im schwedischen Göteborg beim dortigen Klub IFK. Nach dem 0:4 stellte »FuWo«-Autor

Wolf Hempel dem Mittelstürmer keine guten Noten aus: »Selbstvertrauen, Sicherheit im Spiel und Laufarbeit fehlten.« Mehr Licht dann schon beim Rückspiel gegen die Schweden, das Ende Juli 1967 daheim 3:1 endete: Peter habe »endlich wieder Torjägerqualitäten« angedeutet, wobei er jedoch ob seines – für ihn untypischen – Kopfballtreffers sofort nach dem Spiel in aller Bescheidenheit scherzhaft einwarf: »Zufall! Wenn die Ecke so genau kommt, muss man eben den Kopf hinhalten.«

In der Saison 67/68 saß er in den ersten drei Spielen auf der Bank, wurde aber dennoch in die Olympia-Auswahl zum Spiel gegen die Niederlande berufen. Nach dem 2:2 in Magdeburg konstatierte die »FuWo«: »Die 18 000 Zuschauer lernten einen anderen Peter Ducke kennen. Sie erlebten nicht den stürmischen Reißer, den sich bedingungslos einsetzenden Mittelstürmer, der auf eigene Faust den Erfolg sucht, sondern einen Mitspieler, viel in Bewegung, meist anspielbereit und die Bälle klug verteilend. Dabei blitzte hin und wieder alte Gefährlichkeit auf, zeigte er, wie früher, kurze Dribblings mit überraschenden Täuschungen. Dieser Peter Ducke gefiel uns schon wieder sehr, wenngleich nicht übersehen werden kann, dass es ihm noch an Kraft fehlt, neunzig Minuten durchzuspielen. Dennoch glauben wir, dass er in absehbarer Zeit wieder in unsere Nationalelf einziehen könnte. Es liegt vor allem an ihm …« Solch wohlwollende Beschreibung kann freilich die mitschwingende Frage nicht verdecken: Hinterlässt die schwere körperliche Verletzung seelische Barrieren beim Kickergenie? Ist Hans Meyers These so zu verstehen?

»Merkt man heute noch: alles dick hier. Und siehst du? An dieser Stelle – da gingen die Stollen rein.« Peter Ducke

Ein »Mexikosyndrom« mag 1967, 1968 zuweilen tatsächlich auf Peter Ducke gelastet haben. Beim EM-Qualifikationsspiel am 27. September 1967 in Ungarn (1:3) gab er seinen Wieder-Einstand in der A-Auswahl der DDR, und die Fachpresse bescheinigte ihm, »erstaunlich selbstbewusst und konditionsstark« agiert zu haben. Auch zwei Wochen später beim 3:2 gegen Dänemark hieß es über ihn: »Unbequem und konditionell verbessert.« Vorm Rückspiel gegen die Ungarn fehlte Peter aber im Aufgebot. Und Nationaltrainer Karoly Soos ließ verlauten, Peter befinde sich in einer »Formkrise, die nicht so schnell zu beheben ist«. Also immer noch irgendein »Tichy-Gespinst« in Peters Kopf? So genau weiß er das heute selbst nicht mehr.

Aber mag die mitfiebernde Fangemeinde – so wie der Liebende die Migräne der Liebsten zu erahnen sucht – damals den »schwarzen Peter« auch immer wieder auf ein »Mexikosyndrom« hin beobachtet haben, zum Beispiel als er am 19. Mai 1968 gegen den 1. FC Lok Leipzig ganz kurz vorm Meistertitelgewinn seines Klubs nicht im Aufgebot stand und die offizielle Begründung »Indisponiert!« lautete. – In den folgenden fünf, sechs Jahren, so hat es den Anschein, widersprechen Peters sportliche Erfolge der Hans-Meyer-These. In summa lief Peter in dieser Zeit allemal rund. Das Jenaer Sportreporter-Urgestein Peter Palitzsch ordnet die ersten Jahre »nach Mexiko« kurz und knapp so ein: »Er hat sich danach wieder in seine beste Form reingespielt.« Niemand kann in der Tat ausblenden, dass er 1969/1970 immerhin schon wieder auf Rang 6 der »FuWo«-Punktwertung landete; dass er 1971 Fußballer des Jahres wurde und 1972 – bei Platz 1 in der »FuWo«-Punktwertung – den zweiten Rang in der Fußballer-des-Jahres-Umfrage belegte; dass er mit dem FCCZ noch seinen zweiten und dritten Meistertitel holte; dass er im »FuWo«-Ranking regelmäßig für die Mittelstürmerposition in die »Elf des Jahres« gewählt wurde. Dass er 1972 mit der Auswahl in München Olympia-Bronze einfuhr; dass er 1974 endlich eine WM-Endrunde miterlebte. Hans Meyer ganz nüchtern: Der Peter sei mit quasi hinkendem Bein immer noch viel besser als viele andere gewesen, »auch wenn er nicht mehr den unglaublichen Antritt von früher hatte«. Es sei seiner Klasse zuzuschreiben, dass er dennoch so gut dastand.

Liest man die Berichte über Peter Ducke am Stück, überwiegt ganz deutlich die Euphorie. Zum Beispiel hieß es nach dem letzten Spieltag der Saison 68/69 und dem 3:0 gegen Hansa Rostock: »Der Jenaer Mittelstürmer scheint sich immer mehr seiner alten Bestform zu nähern … Er allein strahlte mehr Torgefährlichkeit aus als der ganze Rostocker Angriff zusammen.« Nach dem 3:0 am 17. Spieltag 1970 gegen Hansa Rostock: »Drei phantastische Ducke-Tore, bei denen die beiden Brüder förmlich explodierten.« Nach dem 1:1 gegen Polen am 16. Mai 1970, dem ersten Länderspiel unter Georg Buschner als Nationaltrainer: »Die Vorbereitung unseres Tores und viele gewonnene Dribblings gegen zwei, drei Gegner auf engstem Raum sprachen für seine Klasse.« Oder zum Beispiel nach dem 5:0 gegen den Irak am 26. Juli 1970: »Trickreich, antrittsschnell in Zweikämpfen, gefährlich als Vollstrecker, als drangvolle Sturmspitze.«

Beim 1:3 im Londoner Wembleystadion am 25. November 1970 macht er ein gutes Spiel vor 100 000 Zuschauern, hat beim Stand von 1:2 den Ausgleich vor den Füßen – und vergibt. Während des Rückflugs spricht ihn ein Holländer an: »Hatten Sie gestern nicht die ›9‹?« Oder nach dem 6:2 im Pokalspiel gegen Union Berlin im Dezember 1970: »Peter Ducke war unwiderstehlich« – zwei Tore erzielte er selbst, drei weitere bereitete er vor. Oder das denkwürdige Europacup-Viertelfinalspiel daheim gegen Roter Stern Belgrad (3:2), als Peter »mit kaum zu überbietender Einsatzbereitschaft« (»FuWo«) kämpfte und den Serben mit Volley-Nachschuss das 2:0 einschenkte. Als Peter im Strafraum gefoult wurde und Jena einen »Elfer« zugesprochen bekam, Belgrads Star Dragan Dzajic den irischen Schiri Carpenter bespuckte und die Rote Karte zu sehen bekam und Peter nach dem Abpfiff von Antonijevic zu Boden geschlagen wurde.

Ja, selbst wenn er abwesend war, verfolgten ihn positive Kommentare, wie die Auswertung der 0:4-Schlappe im Rückspiel gegen Belgrad belegt: »Das Fehlen von Dzajic fiel nicht annähernd so ins Gewicht wie die Abwesenheit von Peter

Ducke.« Auch Auswechslung musste nicht unbedingt journalistische Schmähschriften nach sich ziehen, so zeigte die »Fuwo« nach dem Spiel gegen Ungarn bei der Olympiade 1972 in München: »Völlig unverständlich die unmotivierten Auswechslungen von Pommerenke und dem Jenaer Mittelstürmer, die mit Weise wenigstens ab und an über den indiskutablen Leistungen ihrer Mannschaftskameraden blieben.« Und selbstverständlich war mitunter sogar noch der »halbe Peter Ducke« Gold wert: Am 11. Spieltag der Saison 1971/72 war eine Stunde vorm Match gegen den FC Vorwärts noch unklar, ob Jenas verletzter Mittelstürmer spielen kann. Er spielte – und erzielte beim 4:0 zwei Tore. »Schoss Jena in den Europacup: Peter Ducke« hieß die Titelseiten-Überschrift der »FuWo« am 16. Mai 1972 nach dem 2:1 gegen Dynamo Dresden im Pokalfinale in Leipzig, beide Tore: Peter.

Stadionsprecher Rolf Weidner hat das nicht vergessen: »Es gab da Duelle, wenn ich nur an das Pokalfinale in Leipzig denke: Wie der den Klaus Sammer ausgespielt hat! Wie der einen ›Dixie‹ Dörner, der später groß rausgekommen ist, vernascht hat! Das war absolut!« – Gewiss, es gab auch schon 1972 ab und an ein wenig »Ducke-Dämmerung«. Georg Buschner damals im Februar im »FuWo«-Interview: »Peter Ducke hat einiges von seiner Vorjahresform eingebüßt, wobei wir aber für ihn noch keinen Nachfolger gefunden haben.« Wenig später klang Buschner aber schon wieder euphorisch wie etwa nach dem 4:1 der Jenaer gegen Chemnitz (damals Karl-Marx-Stadt), als Peter in der zweiten Halbzeit eingewechselt wurde. »Erst mit Peter Ducke kam Dampf herein«, so wurde er in der Zeitung zitiert. Und zwei Wochen später nach dem Cup-Halbfinalsieg der Jenaer ebenfalls gegen Chemnitz war der Nationaltrainer vollends zufrieden: »Ein herausragender Peter Ducke!« Wie also soll dieses Peter-Ducke-Lobeshymnenfestival passen zur These vom »Nicht-mehr-rund-laufen«? Oder will uns der fuchsschlaue Hans Meyer einladen zum Tanz der Phantasie – Motto: Ein 100-prozentig »rund laufender« Peter Ducke, und wir hätten Fußballzauber in überirdischer Form erlebt!? – Eben ein Vorgriff auf Maradona.

o.: Verletzungssorgen schon 1965, hier im Training nach dem verlorenen WM-Qualifikationsspiel gegen Ungarn.

u.: Mit gebrochenem Bein auf der heimischen Couch nach dem Spiel in Mexiko, 1967.

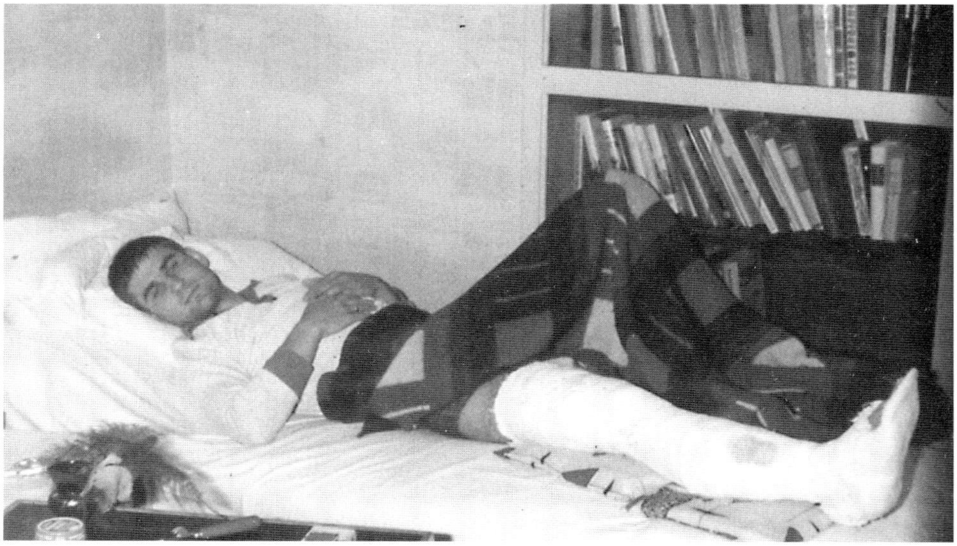

o.: Im Winter-Trainingslager der DDR-Nationalmannschaft 1972.

u.: Die Nationalmannschaft zur Olympiade 1972 in München
hinten : Ducke, Bransch, Ganzerra, Zapf, Kreische, Sparwasser
vorn: Seguin, Croy, Streich, Pommerenke, Weise.

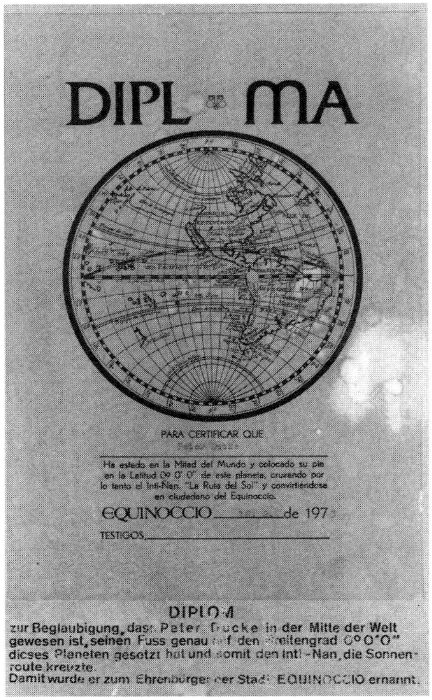

DIPL MA

PARA CERTIFICAR QUE

Ha estado en la Mitad del Mundo y colocado su pie en la Latitud 0° 0' 0" de este planeta, cruzando por lo tanto el Inti-Ñan. "La Ruta del Sol" y convirtiéndose en ciudadano del Equinoccio.

EQUINOCCIO ________ de 197

TESTIGOS ________

DIPLOM

zur Beglaubigung, dass Peter Ducke in der Mitte der Welt gewesen ist, seinen Fuss genau auf den Breitengrad 0° 0' 0" dieses Planeten gesetzt hat und somit den Inti-Nan, die Sonnenroute kreuzte.

Damit wurde er zum Ehrenbürger der Stadt EQUINOCCIO ernannt.

o.: »In der Mitte der Welt« – Urkunde für die Überschreitung des Äquators während einer Reise mit der DDR-Nationalmannschaft 1973.

u.: Ducke beobachtet Dieter Scheitler bei dessen artistischem Fallrückzieher zum 2:0 beim 4:0 im EC III im Herbst gegen OFK Belgrad.

Auch die französischen Abwehrspieler hatten beim Länderspiel DDR-Frankreich 1974 in Leipzig mit Ducke ihre Probleme. Der Star-Club Olympique Marseille versuchte im gleichen Jahr, Peter Ducke abzuwerben.

S. 100: 2. FDGB-Pokalsieg 1972 in Leipzig (Zentralstadion) gegen Dynamo Dresden (2:1)

o.: Peter Rock und Peter Ducke haben schwer am monströsen Pokal zu tragen.

u.: Die Siegermannschaft.

S. 101 o.r.: … und der dritte FDGB-Pokal! – Jena gewinnt das Finale, wieder in Leipzig, wieder gegen Dynamo Dresden. Diesmal mit 3:1 nach Verlängerung:

o.l.: Peter hält den Pokal.

o.r.: Hans Meyer und sein »Assi« Bernd Stange.

u.: So sehen Sieger aus …

Kapitän – wie hier im EC III-Spiel im Herbst 1971 gegen Lok Plowdiw – war Peter Ducke selten.

Das Tor im Visier: Peter Ducke entwischt einem Verteidiger des italienischen Clubs US Cagliari (1969).

Stille Tränen im Hotel

Schöner ging's oft nimmer, und den Vergleich mit dem argentinischen Ausnahmestürmer Maradona muss er nicht scheuen, mag manch ein Fan in Jena zu sagen geneigt sein. Dennoch wird Meyers These vom »Nicht-mehr-rund-laufen« spätestens 1974 fassbarer. In dieser Zeit hatte Peter Ducke mit allen Fasern auf den geplanten Gipfel seiner Karriere hingearbeitet: die WM-Endrunde in der Bundesrepublik. Viele, viele Fans hatten ihm für diesen Aufstieg die Daumen gehalten. Sogar in der Bundesrepublik. Ein Günter Hering aus Lübeck schickte ihm einen Brief (den Peter als Kopie nach der Wende in seinen Stasi-Unterlagen fand): »… Als Spieler zählen Sie mit ihren über 30 Jahren noch heute zu den besten Mittelstürmern Europas. Erst am letzten Sonnabend (17.35 Uhr Fernsehbericht von der DDR-Oberliga) konnte ich mich von Ihren fußballerischen Qualitäten einmal wieder überzeugen. Es wäre den DDR-Verantwortlichen in Sachen Fußball zu wünschen, dass sie Sie noch einmal an der Fußballweltmeisterschaft teilnehmen lassen. Ich … kann mir nicht vorstellen, dass man Sie durch einen anderen Spieler gleichwertig ersetzen kann.«

Nicht zu vergessen: Seit ihrem Bestehen war die DDR-Nationalmannschaft zuvor alle vier Jahre knapp und grandios in der Qualifikation gescheitert. Diesmal sollte es klappen; Peter sollte erstmals die Chance bekommen, seine Weltklasse auf der wichtigsten internationalen Fußballbühne zu demonstrieren. Schon am 7. Oktober 1972 – Olympiabronze einen Monat zuvor nach dem kleinen Finale gegen die UdSSR in München gerade »eingesackt« – war Peter wieder einmal aufgefallen: Mit Blick auf das 5:0 im WM-Quali-Spiel gegen Finnland wird in der »FuWo« unter dem Titel »Stilwandel« festgehalten: »Peter Ducke bestach durch mannschaftsdienliche Spielweise.« Vier von fünf Toren habe er »unmittelbar vorbereitet«. Fazit: »Mit Abstand unser bester Mann!« Gut zwei Wochen später, beim 3:1 am 6. Oberliga-Spieltag gegen den BFC Dynamo, bereitete er zwei Tore vor, erzielte das dritte selbst. Der Zeitungskommentar: »Seine Steigerung im vierten Lebensjahrzehnt verdient Hochachtung, beschämt jene, die ihn auspfeifen.« Natürlich darf hier das historisch bedeutsame WM-Quali-Rückspiel gegen den Favoriten Rumänien am 26. September 1973 vor 95 000 Zuschauern im Leipziger Zentralstadion nicht unerwähnt bleiben: Mit dem 2:0 waren die Tickets für die erste WM-Endrundenteilname der DDR so gut wie sicher gebucht worden (der

Fußball-Weltmeisterschaft 1974: Peter Ducke läuft beim Aufwärmen zum Auftaktspiel gegen Australien hinter Joachim Streich. Leider blieb es für den angeschlagenen »Schwarzen Peter« in diesem Turnier oft nur beim Aufwärmen.

Sieg fünf Wochen später gegen Außenseiter Albanien – reine Formsache). Beide Treffer markierte zwar Abwehrrecke Bernd Bransch mit indirekten Freistößen, doch hatte dem Hallenser die Bälle mit jeweils neuen Varianten nur einer aufgelegt: Peter Ducke. Er erläuterte den Journalisten damals die beiden Situationen so: »Wir haben das oft geübt. Antäuschen nach der einen, Zurückziehen nach der anderen Seite.« Frustriert kommentierte Rumäniens Torwart Raducanu im Anschluss an das Spiel die beiden Freistöße: »Ich war mir absolut nicht darüber im Klaren, auf wen Ducke den Ball ablegen würde.« Überdies lobte die »FuWo«, dass sich aus dem Kollektiv ohne schwachen Punkt »Croy, Bransch, Fritsche, Sammer, Kurbjuweit und Ducke« noch herausgehoben hätten. Was für ein Triumph für Peter! Endlich, endlich die WM!

Muss ein Spieler in Peters besonderer Situation seinen Bruder Innerlich eigentlich mahnen: Vorsicht, Freundchen, jetzt nur nichts anbrennen lassen!? Befristete Unversehrtheitsvorsorge – so wie eine Mannschaft auf Zeit spielt, um einen knappen Vorsprung bis zum Abpfiff zu retten? Vielleicht tut sich der wahre Profifußballer, zumal ein Peter Ducke, damit ganz einfach schwer. Nach der WM-Qualifikation, so hatte es den Anschein, legte der Jenaer Stoßstürmer jedenfalls nicht etwa den Schongang ein. Bernd Stange, damals Meyers Assistenztrainer, später DDR-Nationaltrainer, nach der Wende bald der »Mister Globetrotter« unter den deutschen Coachs schlechthin, er ordnet das in jene Zeit fallende Match bei Dynamo Dresden (8. Dezember 1973) als Peters bestes Oberligapunktspiel überhaupt ein. »35 000 im Chor gegen Peter Ducke, ich höre das noch. Da war ich Trainer, weil Hans Meyer eine vierteljährliche Weiterbildung hatte. Beim Frühstück hatte ich erfahren, dass Ducke bis früh um drei unterwegs war. In Dresden. Allerdings mit Dresdner Freunden. Jetzt stand die Frage: sperren oder spielen lassen. Ich hab gesagt, lasst den spielen. Und es war eine Galavorstellung. Peter Ducke hat Dresden allein erschossen.« Zwei Treffer steuerte er zum 3:1-Sieg der Jenaer bei.

»›Ducke raus!‹ ›Schauspieler!‹ – Ach, solche Chöre hab ich gebraucht, genauer gesagt: meine Trotzreaktion darauf.«

Peter Ducke

Am Rande gefragt: Was mag in einem solchen Spiel wohl mehr den Ausschlag gegeben haben – Peters Fußballfrühlingsgefühle wegen der nahenden WM oder die Unbelehrbarkeit des Dresdner Publikums? Denn die Menschen auf den Traversen hatten wieder einmal etwas nicht bedacht: »›Ducke raus!‹ ›Schauspieler!‹ – Ach, solche Chöre hab ich gebraucht, genauer gesagt: meine Trotzreaktion darauf. Diesen Kick, der stärker wurde, je mehr die gegrölt haben«, sagt Peter. »Bei Siegen in Dresden, in Leipzig – da bin ich auch gern zum Publikum hin, hab mich bedankt, verbeugt und so …« Hans-Jürgen Kreische, Mittelfeldstar der Dresdner und selbst 1972 DDR-Fußballer des Jahres, habe ihm einmal erzählt, wie er, Kreische, das Problem in der Dynamo-Mannschaftssitzung zur Sprache brachte: Es müsse doch langsam mal bemerkt werden, dass es den Ducke nicht interessiere, wenn er provoziert werde. Im Gegenteil, der gehe dann mit dem Kopf durch die Wand. Dazu Rolf Weidner, der Stadionsprecher: »Das ist Musik für ihn gewesen. Wenn er auswärts bei der Begrüßung ausgepfiffen wurde, da war von vornherein klar, heute passiert was, heute lässt der was los. Das waren seine Spiele.«

Nicht sein Spiel war die Partie am 21. Februar 1974 gegen den BFC Dynamo, viel schlimmer: es war eine weitere »Stunde Null«, die lediglich aufs Erste nicht so dramatisch anmutete wie das Unglück acht Jahre zuvor in Mexiko. Dieser 18. Spieltag (der 4:0 für Jena endete) wurde genutzt, um die Flutlichtanlage im Ernst-Abbe-Stadion einzuweihen. Dann die 62. Minute in der Beschreibung von Peter Ducke: »Flankenball. BFC-Torwart Gustav Creydt und viele mit ihm springen hoch. Tumult im Strafraum. Creydt bekommt den Ball und fällt genau auf mein Knie. Es ging mir sofort durch den Kopf: Die WM!« Meniskus- und Innenbandschaden, lautete der Befund. »Hans Gessner hat mich dann so hingekriegt, dass ich die Vorbereitung machen konnte – aber ich hatte große Schwierigkeiten. Die Operation wurde für die Zeit nach der WM geplant.«

Noch heute ist Hans Meyer überzeugt, dass bei diesem Vorfall Mexiko-Nachwirkungen mitspielten. Die nicht eben optimale Ausheilung des Beinbruchs acht Jahre zuvor – er denke da zum Beispiel an die seither »komische X-Stellung« von Peters Beinen – habe Fehlbelastungen nach sich gezogen, sagt Hans Meyer, die die Verletzung vom Februar 1974 begünstigten. »Wir haben ihn hingefuddelt.« So beschreibt Bernd Stange den Ducke-Notplan aus Medizin, Physiotherapie und Schonung. Drum konnte Peter im April 1974 das Pokalendspiel – abermals gegen Dynamo Dresden – mitbestreiten. Vier Tore hatte er in seinen beiden vorherigen Pokalfinalspielen (1960 und 1972) beigesteuert, diesmal keines. Den Journalisten diktierte er damals im Anschluss: »Ich fühle mich noch nicht richtig in Form. Vier bis fünf Wochen brauche ich noch, ehe ich wieder Tritt gefasst habe.« Hans Meyer nach dem Finale im »FuWo«-Interview auf die Frage, ob er mit der Stoßkraft seiner Angriffsspitzen zufrieden gewesen sei: »Nur bedingt, wobei ich gegenwärtig von Peter Ducke keine Bestform erwarten konnte. Wesentlich ist, dass er bei der WM-Endrunde in Hochform spielt. Für unsere Mannschaft war sein Einsatz jedoch von starkem moralischem Wert.«

Indes: Die WM-Endrunde im Juni 1974 in der Bundesrepublik gerann aus Peter Duckes persönlicher Sicht zu einem Drama. Die von Hans Meyer Wochen zuvor via »FuWo« herbeibeschworene Hochform hatte sich wegen des angeschlagenen Knies nicht eingestellt. Und so war Peter Ducke bei der WM nur Einwechselspieler – obwohl es sich beim verantwortlichen Nationaltrainer um Georg Buschner handelte, um die Vater-, die »Sonnengott«-Figur in Peters Karriere. Hans Meyer heute: »Eines konntest du dem Schorsch nie vorwerfen: dass er sich von Gefühlen hat übermannen lassen. Er war immer ein Eisvogel, ein kühler Rechner.« Beim WM-1:1 gegen Chile am 18. Juni wurde Peter für seinen Jenaer Mannschaftskameraden Eberhard »Matz« Vogel eingewechselt, hatte immerhin Anteil am Tor. »FuWo«: »Ducke zirkelt den Freistoß zu Martin Hoffmann, der einköpfte.« Beim Zwischenrunden-0:2 gegen Holland kam Peter in der 59. Minute ins Spiel, im Match gegen »seine« Brasilianer gar nicht, beim 1:1 gegen Argentinien erst in der 81. Minute.

Am schlimmsten in diesen WM-Tagen muss es aber für ihn gewesen sein, dass er beim Prestigeduell gegen die Bundesrepublik am 22. Juni 1974 überhaupt nicht aufgestellt wurde – in jenem legendären Spiel, in dem der Magdeburger Jürgen Sparwasser das 1:0-Siegtor in der 78. Minute erzielte. Peter: »Ich hab mich nur draußen warm machen dürfen. Dann das Sparwasser-Tor! Sparwasser, Sparwasser ... Das war das, worauf ich hingearbeitet hatte. Das war schlimm. Ich hatte im Vorfeld Schlagzeilen gemacht ohne Ende! Und dann kommt dieses Ding dazwischen. Bei der WM habe ich mich benachteiligt gefühlt, wie ein Stürmer zweiter Klasse, obwohl es nicht so ist. Aber ich sagte mir: ›Immer warst du im Stoßtrupp. Und jetzt geht's ohne dich auch.‹ Ich hab da oft im Hotelzimmer Tränen vergossen. Ich muss das ehrlich sagen.«

Hans Meyer fasst das Kapitel nüchtern zusammen: »Zur WM 1974 war der Peter nicht mehr Peter Ducke.« Und Rolf Weidner, der Stadionsprecher, sieht es fast genauso: »Wenn er nicht die schwere Verletzung damals in Mexiko gehabt hätte und ohne die Verletzung 1974 wäre er wahrscheinlich zu dieser WM der überragende Mann gewesen.« Auch Lothar Kurbjuweit – damals in der Endrunde mit von der Partie – kann heute noch nachfühlen, wie sehr es Peter geschmerzt haben muss, bei der WM ein derartiges Schattendasein zu führen. »Ich kann mich aber auch nicht erinnern, dass ein Peter Ducke zwischen den Spielen irgendwie negativ aufgefallen wäre oder rumgemotzt hätte.«

Im Zug auf dem Weg von München nach Berlin (West) zum WM-Spiel der DDR-Nationalmannschaft gegen Brasilien 1974. Rechts neben Peter Dresdens Hans-Jürgen Kreische, links der Magdeburger Wolfgang Seguin – hinter diesem (aus dem Fenster schauend) Jürgen Sparwasser, der mit seinem Sieg-Tor gegen die BRD Furore machte.

Croy
1
14
Fritsche
5
22
Bransch
3
Kische
Ducke
9
Seguin
19
Irmscher
16
Löwe
8
DDR

Angst im Genick

»Wie lange möchten Sie noch Fußball spielen?« – Peter hatte schon im großen FuWo-Leserinterview im Februar 1970 auf diese Frage geantwortet: »Ehrlich gesagt: Ich darf gar nicht daran denken, dass mal Schluss ist. Dazu bin ich viel zu sehr mit Herz und Seele Fußballer.« Hans Meyer verallgemeinert das heute so: »Nicht, dass du glaubst, das sei nur ein Peter-Ducke-Problem. Ich denke da an einen Häßler; an einen Bobic, der gerade dabei ist. Da hängt die Angst im Genick: Wie geht's dann weiter? Da hören Spieler heute von sich aus nicht auf. Peters Schmerz war zweigeteilt: Das Erste – Peter war Fußballer mit Leib und Seele. Das kannst du nicht von allen Fußballern sagen. Der wusste, wenn diese Karriere zu Ende ist, dass ihm dann wirklich etwas fehlt. Das Zweite – dass ausgerechnet dieser Trainer Meyer dafür sorgt, dass er aufhören musste. Aber es hatte absolut keine anderen Gründe: Ich musste entscheiden zwischen Eberhard Vogel und ihm.«

So weit freilich war es nicht gleich nach der WM. Peter ist bei der Rückschau auf seine Karriere die Erkenntnis wichtig, dass er in seinen »späteren« Jahren einfach ein wenig anders gespielt hat: »Ich habe eine andere Rolle eingenommen. Also mehr zur Grundlinie durch und geflankt und vielleicht weniger als früher der Vollstrecker. Bin von der Mitte nach rechts oder links ausgewichen. Das hat mir auch gefallen – wie es damals mein Bruder gemacht hat. Diese Art habe ich versucht zu demonstrieren und relativ ordentlich gelöst. Nicht immer, aber immer öfter. Aus ganz spitzem Winkel reinflanken – das ist ja auch nicht jedem gegeben. Ja, genau, man muss den Mut und die Fußstellung dazu haben. Ich hab mich immer auch drüber gefreut, wenn ich mir sagen konnte: Pff, zack – du hast den Pass gegeben. Das waren Dinge, die freilich nicht so oft in der Zeitung gewürdigt wurden. Heute ist das anders. Wenn man nur an Beckham denkt.«

Wie von Hans Meyer angedeutet: Die Beziehung zwischen ihm als Buschner-Nachfolger und Peter war keine ganz einfache. Lothar Kurbjuweit: »Fakt ist, dass der Hans, der als Fußballer überhaupt keinen Namen hatte, mit 28 eine Mannschaft übernommen hat. Das war in den Anfangsjahren das ganz, ganz Schwierige für den Hans, sich dort durchzusetzen. Wir hatten Anfang der 70er Jahre so viele Nationalspieler in Jena ... Sicherlich unstrittig – da ging auch die Leistungsfähigkeit eines Peter Ducke zu Ende. Das spielte da mit rein. Ich weiß nicht, wie Peter persönlich einen Trainer Hans Meyer akzeptiert hat. Ob so richtig

Blick in die Kabine vor der Wiederholung des 1974er Spieles BRD gegen DDR in München 2004.

– da würde ich schon meine leisen Zweifel anmelden. Vor der Mannschaft, nein, natürlich nicht, da ist er nie etwa aufgestanden und hat gesagt: ›Meyer, was willst du denn!?‹ Das ist nie passiert. Aber in bestimmten Verhaltenspunkten? – Nein, den ganz großen Respekt hatte er vor Meyer nicht. Das war bei Buschner was anderes. Das war eine Vater-Sohn-Beziehung.« Peter sagt über Hans Meyer, der habe von seinem Vorgänger viel mitbekommen – die Bissigkeit, die Witzigkeit. »Der hat zu lange und zu oft einen 24-Stunden-Tag an der Seite von Georg Buschner absolvieren müssen.« Und in der Tat, »es waren immer Spannungen da«. Als ältester Spieler – Meyer ist ein Jahr jünger als Peter – habe er das Gefühl gehabt, in bestimmte taktische Strukturen nicht hineinzupassen; Auswechslungen oder Einwechslerrollen habe er persönlich genommen, sagt Peter. Im Trainingsprozess habe er da später einiges lockerer gesehen, mitunter nur für sich in Richtung Meyer gemurmelt: Junger Schnösel, der dir was vormachen will. »Ich wollte meinen Kopf durchsetzen. – Aber heute sind wir ganz tolle Freunde.«

Hans Meyer beschreibt den Konflikt ebenfalls eher als etwas Unter-, etwas Hintergründiges. »Er war auf dem Fußballfeld weder von Buschner und schon gar nicht von Meyer zu bändigen; er hat immer gemacht, was er wollte. Mal ein bisschen mehr, weil er Meyer nicht akzeptiert hatte, und beim Buschner ein bisschen weniger. Obwohl: Auch für mich als den ganz jungen Trainer war er eher pflegeleicht. Und weißt du, warum? Weil er so gern Fußball gespielt hat. Da konnte der da draußen Meyer, Müller, Lehmann, Schulze heißen – er war immer mit ganzem Herzen dabei. Er war im Training immer Vorbild. Wenn du ihm den Ball gegeben hast, war immer Einstellung dabei. Wirf ihm einen Ball hin, und er war ein anderer Mensch.«

Hans Meyer entsinnt sich, dass zu Beginn seiner Cheftrainer-Ära im Jenaer Zeiss-Werk 2000 Stimmen gegen ihn gesammelt wurden, gegen Meyer, »der früher nichts richtig gebracht hat, der nur fünftes Rad war am Wagen. Gerade der sollte Schorsch seine Startruppe übernehmen! Das hat die alle bedrückt. Schorsch hatte natürlich hellerweise den Roland nicht selbst noch verabschiedet. Und wenn du dann den Roland, wenn du dann später den Peter verabschiedest, dann musst du doch den Dummen machen. Man hat da alles Mögliche reininterpretiert. Es gab aber zwischen mir und dem Peter keine Probleme. Doch du bist der Verantwortliche, musst irgendwo sagen: nee, nicht mehr. Und Peter auf die Bank, das geht schon gar nicht. Noch dazu: Innerlich hat er mich nie akzeptiert. Geh nicht davon aus, dass der Peter deshalb schlechter gespielt hat. Geh ruhig davon aus, dass der Schorsch eine andere Stellung gehabt hat, als er den Peter – damals 18 – in die Hände bekam. Es war also eine Frage des Respekts.«

Den Rahmen der DDR-Sportpolitik konnten aber offenbar auch die Jenaer Trainer nicht völlig ausblenden. Bernd Stange: »Zum damaligen Zeitpunkt habe ich es genauso gesehen wie der Hans Meyer. Wir standen unter der DTSB-Fuchtel.

Und das hieß: Nachschieben von jungen Spielern. Wir haben einen Fehler gemacht, Meyer und ich: Wir haben die Karriere der Spieler zu früh beendet. Das betrifft zum Beispiel auch Harald Irmscher, der in Gera weitergespielt hatte. Wir hätten mit unserem heutigen Wissensstand zwei, drei Jahre länger an den Leuten festhalten können.« Angesprochen darauf, sagt Meyer, ach, das sei doch Asche, was der Bernd Stange in diesem Punkte sage. Der schiebe doch hier den Fall von Harald Irmscher in den Vordergrund. Den Irmscher, ja, den habe er damals gegen den vorherigen Erfurter Lutz Lindemann getauscht, der in vielen Belangen einfach schneller als Irmscher war. Und der Erfolg – vornan die Europacup-Finalteilnahme 1981 – habe ihm doch Recht gegeben. Aber der Abschied von Peter Ducke sei doch in punkto Alter nun wirklich viel weniger strittig gewesen.

Natürlich, genau hier hakt gut 30 Jahre später auch Roland Ducke ein, der 1971 von Meyer und Stange aus der ersten Mannschaft aussortiert wurde. »Ich war kurz zuvor Fußballer des Jahres in der DDR geworden; ich war noch fit. Beim Peter, denke ich, war der Abschied aber noch krasser. Ich weiß nicht, ob Hans Meyer eine Art Minderwertigkeitskomplex hatte. Mein Eindruck war: Weil er jünger war als wir, glaubte er, dass wir etwas gegen ihn hätten. Dass Peter wiederum aufbrausender war als ich, damit hätte ein so junger Trainer fertig werden müssen.« Bernd Stange sagt über den jüngeren Ducke: »Peter war ein eigenwilliger Typ, hatte auch mal ein paar Tage beim Training gefehlt: Er hatte also entschieden, er müsse mit der Klasse seines Sohnes einen Ausflug machen. Weil da eine hübsche Lehrerin war. Hans hat ihn gesperrt daraufhin, weil er nicht da war. Dann kam das Kommando von der SED-Bezirksleitung: Ducke muss spielen. Ich verfüge über einen Meter Bücher, handgeschrieben. Gebe ich aber nicht aus der Hand. Es geht da um Besprechungen, die wir geführt haben, immer protokolliert mit Datum: Anwesenheit und drei vier Stichpunkte. In einer Ledermappe. Und wenn das Buch voll war – ab in den Schrank.«

»In Jena war alles überschaubar. Wenn da einer gesoffen hat, wusste ich das am nächsten Tag.« Hans Meyer

Hans Meyer erinnert sich, dass Peter mit 33, 34 »richtig Probleme gehabt hat zu Hause«. Bei Peter sei da »etwas passiert, was ich nie bei ihm erlebt habe: Er kam mit SOLCHEN Augen, mit Bartstoppeln. Er war da, ausnahmsweise, mal nicht so fixiert auf den Fußball; hat zu viele andere Dinge im Kopf gehabt.« – Nix da allerdings, so ist Meyer überzeugt, mit Alkohol, wozu der Coach im Übrigen eine klare Meinung hat: »Wenn du zweimal verlierst im Fußball, ist der, der mit seiner Frau gegessen und dazu ein Bier getrunken hat, ein Säufer. Das ist so. Das hat mir der Schorsch mit auf den Weg gegeben, dass ich auf diese ganze Scheiße nichts geben soll. Jena war doch auf eine unglaubliche Weise durchsichtig. In Jena war alles überschaubar. Wenn da einer gesoffen hat, wusste ich das am nächsten Tag. Heute sind die doch zu blöde zum Saufen. Wenn da mal früher ein Rock, Schnuphase, Brauer richtig einen durchgezogen hat – weißt du, woran ich das gemerkt habe? – Am Montag zum Training: Die trainierten wie die Schweine. Die wussten, dass sie das wieder rausholen mussten. Wenn heute einer am Montag sagt, ›habe Kopfschmerzen, es geht nicht‹, weiß ich, er hat gesoffen. – Keene richtigen Kerle! Nee, ich sag es, die sind heute unfähig zum Saufen!«

Seinen letzthin konsequenten Abschied von Peter Ducke verteidigt Hans Meyer aber auch heute noch: »Klar hätte ich zum Schluss über alles hinweggesehen, wenn der Peter noch die phantastische Verfassung gehabt hätte, die er drei, vier Jahre zuvor gehabt hatte. Da hätte er zum Beispiel auch saufen können, wie er will. Ich wäre blöd gewesen, ihn draußen zu lassen. Im Fußballleistungssport ist doch nicht entscheidend, ob jemand raucht oder trinkt.« Also einzig und allein die Wahl zwischen den beiden »Alten«: Eberhard »Matz« Vogel oder Peter Ducke. Vogel sei zu jenem Zeitpunkt im Gegensatz zu Peter richtig solide gewesen: »Der hat ein Haus gebaut und extrem gesund gelebt. Über den haben sich die jungen Spieler aufgeregt: ›Na, gehst du heute wieder halb zehn ins Bett und trinkst Milch?‹ Der Peter hatte dazu im Gegensatz für mich keine Leistung gebracht. Wenn wir Montag Nachmittag frei hatten, ist der Eberhard Vogel in die Kernberge zum Laufen gegangen. Bei ihm hatte es geklickt. Er musste diese Karriere fortsetzen.«

Stichwort Vogel: Hans Meyer widerspricht heute energisch Hinweisen darauf, die Politik habe ihm nicht zuletzt im Zusammenhang mit den »Alten« bei der Mannschaftsaufstellung mitunter dazwischengefunkt. »Totaler Unfug! Ich habe mir nie in meiner Trainer-Laufbahn etwas von oben vorschreiben lassen. – Oder doch: Sie haben es gesagt, aber ich hab es nicht gemacht. Zum Beispiel 1977: Thomas Töpfer, Jürgen Raab spielten in der Auswahl U 21. Ich hatte mich vorm Spiel gegen Magdeburg für Eberhard Vogel entschieden, nicht weil er der größere Fußballer, sondern weil ich zu dem Zeitpunkt der Meinung war, dass er mehr für den Fußball lebt.« DTSB-Chef Manfred Ewald habe in jenen Jahren eine starke Kontrolle der Trainings- und Nachwuchsarbeit durchgesetzt. Meyer erinnert sich an die Abschlusssitzung am Abend vor jenem Spiel gegen Magdeburg: Funktionäre und Schorsch Buschner als Nationaltrainer mit ihm im Stadion-Casino. Drei U-21-Spieler auf der Bank, und der 36-jährige Vogel spielt, das müsse er mal erklären, habe es da geheißen. »Ich: ›Wenn die Jungen gleichwertig sind, spielen immer die Jungen, aber wenn ich glaube, der alte Knacker Vogel ist der Bessere, dann spielt er.‹« Ein Partei-Funktionär habe ihn gewarnt: »Wenn du morgen tatsächlich so ein Scheißding machst, dann halte dich fest, wenn es um die Unterstützung geht.« Jena gewann 5:2. »Und der Matz macht in der ersten Halbzeit zwei Weltklassetore.«

Und die Beziehungskrise zwischen Meyer und Ducke? – Ein Stasi-Feldwebel Schilling tippte am 11. Mai 1976 folgenden Bericht in seine Jenaer MfS-Kreisdienststellen-Schreibmaschine: »Es gab zwischen ihnen Differenzen, die auf der schlechten Trainingsleistung und der Selbstüberschätzung Duckes basierten. Es gab zwischen ihnen sachliche Aussprachen, ohne dass es zu Handgreiflichkeiten durch P. Ducke gekommen ist. Ihm wurde klar zu erkennen gegeben, was von ihm verlangt wird, und dass von seiner Trainingsleistung seine weitere Perspektive abhängt. Seit ca. drei Wochen ist Ducke wie umgewandelt, trainiert eifrig und verhält sich dem Trainer gegenüber sehr sachlich. Sollte es zu keinem Rückfall kommen, wird Ducke die nächste Saison bis zur Beendigung seines Studiums weiter trainieren und in verschiedenen Heimspielen auch zum Einsatz kommen. Er hat jedoch nicht die geringste Chance, mit nach Montreal zu den Olympischen Spielen zu fahren, da der Kaderkreis nur 17 Spieler beträgt und er zur vierten Garnitur gehört.«

Derselbe Stasi-Protokollant bringt einen Tag später diese Informationen eines Spitzels zu Papier: »Es gibt innerhalb der Mannschaft eine Gruppenbildung, abgestuft nach Alter bzw. Stellung des einzelnen. Eine Sonderstellung nimmt weiterhin Peter Ducke ein. Im Training wurde ihm mehrmals von ›X‹ [in der Stasi-Akte geschwärzter Name – T. S.] der Ball abgenommen. Beim vierten Mal schlug er ihm absichtlich in die Beine, so dass dieser zu Boden ging. Ducke wurde darauf hin vom Trainer nach Hause geschickt. Es kam zu einer harten Auseinandersetzung zwischen beiden, bevor der Ducke ging. Eine Bestrafung folgte nicht. Die Spieler sind der Meinung, dass jeder andere eine Sperre von mehreren Wochen bekommen hätte. Ducke kommt auch nicht zum Training, wenn er will bzw. erscheint zu Übungsspielen nicht.« Meyer und Stange, heißt es weiter, »versuchen alles mit Güte, wo Härte angebracht wäre«. Auf Nachfrage ist Hans Meyer heute auch über diese Aussagen gar nicht amüsiert. – Das sei doch ein Widerspruch, wenn der Schorsch Buschner sich im Rückblick dafür feiern dürfe, dass er sich Ducke-Sperrungen möglichst verkniffen habe, um sich nicht in den eigenen Finger zu schneiden. Ihm, Meyer, werde eine solche Haltung nun aber angekreidet. Und überhaupt, fragt er: Dürfe man den MfS-Unterlagen denn sonderliches Gewicht beimessen?

»Doch wie Ducke, immerhin auf die 35 zugehend, die Bälle ansaugte, geschickt Körpertäuschungen vorführte … das beeindruckte schon.«

Aus einem FuWo Spielbericht 1976

In einem anderen Stasi-Protokoll vom 13. Mai 1976 wiederum wird nach MfS-Abschöpfung von Klub-Chef Hilmar Ahnert und Hans Meyer abermals konstatiert, dass Peter nicht die geringste Chance auf Teilnahme an der Olympiade habe. Zur Zeit gebe es »genug leistungsstarke und talentierte Spieler aus anderen Klubs auf dieser Position. So werden zum Beispiel der komplette Dresdner Sturm sowie Riediger, Streich, Hoffmann und eventuell Vogel fahren.«

War all dies der breiten Öffentlichkeit so bewusst? – Wohl kaum, wenn man bedenkt, dass Peter in seiner vorletzten Saison 20, in der letzten immerhin noch 16 Erstliga-Spiele bestritt (bei 26 Spieltagen pro Saison). Mag Hans Meyer damals gegenüber der »FuWo« den nur 5. Platz am Ende der Saison 75/76 ein bisschen den Routiniers mit angelastet haben, wenn er konstatierte, dass »auch bei den älteren Spielern deutliche Verschleißerscheinungen auftraten« – immerhin gab es noch Matches wie das 2:0 gegen den HFC am 16. Spieltag jener Saison, wozu die »FuWo« unter dem Titel »Ducke, immer wieder Ducke« die Nöte des Hallenser Verteidigers Meinhart beschreibt: »vom gewitzten Ducke schwer geprüft«. Zudem hielt das Fachblatt vor dem Start in Peters letzte Saison mit Lob gegen: »Das Sturmspiel in der Vorsaison hat oft genug von den Ideen Peter Duckes sowie von den Schussqualitäten Eberhard Vogels gelebt.«

Jürgen Nöldner, 30-facher Nationalspieler, fünfmaliger DDR-Meister mit seinem Armeesportklub Vorwärts, beschrieb als »FuWo«-Journalist den ersten Spieltag der letzten Peter-Ducke-Saison 1976/77, das 0:0 der Jenaer gegen den FC Vorwärts: »Doch wie Ducke, immerhin auf die 35 zugehend, die Bälle ansaugte, geschickt Körpertäuschungen vorführte, Übersicht bewies beim Freispielen seiner Mitspieler, all das beeindruckte schon. Aber die jungen Flügel waren noch zu grün.« Dann das 4:2 gegen Riesa, als Peter drei Treffer beisteuerte: »Der Schwarzschopf führte damit nicht nur die Entscheidung herbei, sondern er vermittelte auch seinen jungen Nebenleuten Trocha, Töpfer und Schröder eine eindrucksvolle Stürmerlehrstunde.« In seinem 350. und drittletzten Spiel war Peter im Thüringen-Derby gegen Rot-Weiß Erfurt dabei und landete den 2:1-Siegtreffer: »Niemand dachte daran, Ducke abzuschirmen. Franz Egel konnte die Lücke nach Kurbjuweits Flugball in die halblinke Position nicht mehr rechtzeitig schließen. Der Jenaer Routinier hatte seine Pflicht und Schuldigkeit getan …«

Mag es der Öffentlichkeit damals auch vorenthalten worden sein: Sehr wohl stand die Frage noch eine Weile im Raum, ob ein Peter Ducke mit seinen altersbedingten Leistungsabstrichen nicht dennoch etwas länger als üblich der obersten Spielklasse erhalten bleiben soll. Peter erinnert sich an damalige Gespräche mit den Bossen des Erstliga-Konkurrenten Wismut Aue (heute FC Erzgebirge) im Jenaer Hotel »Schwarzer Bär«. »Die hatten mich fest auf der Rechnung – so für ein oder zwei Jahre; und ich hätte das auch gern gemacht.« Nur sei von zentraler Stelle in Berlin verfügt worden, er solle seine Laufbahn beenden, sich auf den Abschluss seines Studiums konzentrieren und als Nachwuchstrainer beim Jenaer Klub arbeiten.

Und natürlich: Es bleibt ein trauriges Kapitel für Peter Ducke, dass er nicht an den Olympischen Spielen in Montreal teilnehmen konnte. Weshalb er dort nicht das Gold mitgewinnen durfte? Georg Buschner wehrt heute diese Klage seines Lieblingsspielers kühl ab: »Das wird vom Peter falsch dargestellt.« Er habe doch vorab das entscheidende Qualifikationsspiel für Montreal mitbestritten. – Buschner hatte ihn in der Tat noch einmal für das Spiel in Brünn gegen die ČSSR (1:1) nominiert, weil der Magdeburger Achim Streich gesperrt war. Und als Sparwasser sich in der 11. Minute verletzte, wurde Peter eingewechselt: sein

68. und letztes A-Länderspiel. »Da hat er das entscheidende Spiel überhaupt gemacht. Ohne ihn wären wir nicht nach Montreal gefahren. – Er war an dem Olympiasieg genauso wie alle anderen beteiligt, die gespielt haben. Weshalb konnte er nicht mit? – Da konnten 17 Mann mitfahren! Nur ein Trainer. Kein Arzt extra.« Die »Verbrecher vom DTSB« hätten auf diese Weise wieder einmal ihrem »Todfeind« Buschner mitgespielt.

Höhen und Tiefen am laufenden Band

FC Karl-Marx-Stadt	**3**	**(1)**
FC Carl Zeiss Jena	**2**	**(1)**

FCK (weiß): Krahnke (5), Sorge (5), Uhlig (6), P. Müller (3), Heydel (6), Eitemüller (7), Göcke (8), J. Müller (6), Bähringer (8), Schädlich (2), ab 54. Hänisch (5), Rauschenbach (7) — (im 1—3—3—3); **Trainer:** Kupferschmied.

FC Carl Zeiss (blau-weiß/blau): Zimmer (7), Oevermann (4), Brauer (5), Weise (5), ab 36. Noack (4), Kurbjuweit (5), Neuber (4), Schlutter (4), Schnuphase (4), Schröder (4), Raab (6), ab 70. P. Ducke (5), Vogel (5) — (im 1—3—3—3); **Trainer:** Meyer.

Schiedsrichterkollektiv: Riedel, Lucas (beide Berlin), Peschel (Radebeul); **Zuschauer:** 11 000; **Torfolge:** 1 : 0 Bähringer (25.), 1 : 1 Schlutter (36.), 2 : 1 Göcke (52.), 2 : 2 Ducke (70.), 3 : 2 Bähringer (76.). — **Torschüsse:** 15 : 3 (6 : 2); **verschuldete Freistöße:** 14 : 23 (6 : 13); **Eckbälle:** 10 : 5 (4 : 2); **Verwarnungen:** Schnuphase (wegen unsportlichen Verhaltens), Bähringer, Sorge (beide wegen Tretens), Ducke (wegen Stoßens).

Das gibt es nicht alle Tage auf unseren Fußballplätzen: Ein gerade eingewechselter Spieler erzielt bei seiner ersten Ballberührung ein Tor! P. Ducke köpfte bei seinem ersten Eingreifen ins Spiel eine Flanke von Kurbjuweit ins Netz. Doch wenig später machte er weniger rühmlich auf sich aufmerksam. Er stieß seinen Gegenspieler Bähringer weg und erhielt die sechste Verwarnung dieser Saison in einem Spiel, das auch ansonsten nicht gerade mit Fairneß gesegnet war. P. Ducke wird nun seiner Mannschaft im nächsten Spiel ebenso fehlen wie Sorge (dritte „Gelbe") den Karl-Marx-Städtern.

Dieses Spiel zeigt schon, wie dicht Höhen und Tiefen in dieser lebhaften Auseinandersetzung beieinanderlagen. Gute Szenen wechselten mit schwächeren am laufenden Band, so daß unter dem Strich für das kritische Urteil des Experten nur herauskommen konnte: „Ein Spiel von insgesamt durchschnittlichem Niveau." So faßte es DFV-Trainer Armin Werner zusammen. **„Gewiß habe ich schon spielerisch schlechtere Oberligatreffen gesehen, aber die Karl-Marx-Städter hatten, so schien es mir, jeweils wenn sie in Führung gegangen waren, Angst vor ihrer eigenen Courage. Ihr Sieg war aber aufgrund der Chancenanteile verdient, wobei nicht**
darf, was der Aus
Jena bedeutete."

Armin Werner t
den Kopf. Gegen
und Angriff zu w
zielenden Gäste
nicht wieder der a
speziell durch den
nen Bähringer he
aus, um dann abe
der zurückzusteck
Folge der vielen
Treffen, die bei s
lichen Leistunger
wünschten Erfolg
Immerhin gaben d
zwischen Eitemül
und Göcke sowie
des allerdings ers
Halbzeit richtig
Müller zu Hoffnu
dem Weise (Zu
Sorge) ausgeschied
der umformierten
an der nötigen Sic

Zum Schiedsri
hatte alle Hände v
wies auch die nöti

o.: FuWo-Spielbericht vom 1:2 des FC Carl Zeiss Jena beim FC-Karl-Marx-Stadt – Peters letztem Oberligaspiel

u.: Mit einem wuchtigem Kopfball – seinem letzten Tor für den Klub – sorgt Peter für den zwischenzeitlichen Ausgleich.

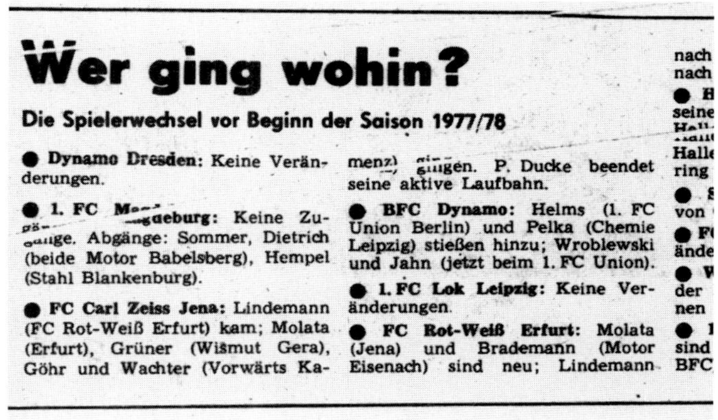

Wer ging wohin?

Die Spielerwechsel vor Beginn der Saison 1977/78

● **Dynamo Dresden:** Keine Veränderungen.

● **1. FC Magdeburg:** Keine Zugänge. Abgänge: Sommer, Dietrich (beide Motor Babelsberg), Hempel (Stahl Blankenburg).

● **FC Carl Zeiss Jena:** Lindemann (FC Rot-Weiß Erfurt) kam; Molata (Erfurt), Grüner (Wismut Gera), Göhr und Wachter (Vorwärts Kamenz) gingen. P. Ducke beendet seine aktive Laufbahn.

● **BFC Dynamo:** Helms (1. FC Union Berlin) und Pelka (Chemie Leipzig) stießen hinzu; Wroblewski und Jahn (jetzt beim 1. FC Union).

● **1. FC Lok Leipzig:** Keine Veränderungen.

● **FC Rot-Weiß Erfurt:** Molata (Jena) und Brademann (Motor Eisenach) sind neu; Lindemann

o. l.: Ein herzliches Dankeschön von Buschner zu Duckes Karriereende im heimischen Abbe-Sportfeld. Unter dem Arm von Peter: eine Beethoven-Schallplatte.

o. r.: Der sonst so euphorischen FuWo war Peters Abschied nicht mal eine eigene Meldung wert.

u.: Blumen für die Fans: Sicherheitsbeamte sorgen dafür, dass Peter auf Distanz bleibt, »Dankeschön«-Transparente werden von der Stasi kassiert.

o.: Fachleute unter sich: Peter Ducke, Bernd Stange und Wolfgang Hempel bei der Neuauflage des EC-Finales von 1981 anlässlich des 100-jährigen Jubiläums des FCCZ im Ernst-Abbe-Sportfeld im Mai 2003.

u.: Ducke im Traditionsteam (3. v.l. hinten), April 2000.

Kick it like Ducke – im Traditionsteam, April 2000.

adidas

Im Entengang

Was der Leistungssport dir alles gibt: Ausdauer, Kraft, Willensstärke. Den Einklang von gesundem Körper und gesundem Geist. – Nun, es war auch in der DDR beileibe kein Naturgesetz, dass eine Karriere als Hochleistungssportler ein »gutes Leben danach« garantiert. Und unbestreitbar: Peter Ducke hat seine liebe Not gehabt, »danach« beruflich in die Gänge zu kommen. Hans Meyer, Peters Cheftrainer Nr. 2, sinniert über die Zeit nach dem Karriere-Ende des Jenaer Stars: »Vielleicht ist das, was im Leben nicht immer positiv ankommt, das Positive für den Instinktfußballer, der Peter Ducke nun einmal war. Dieses Spontane. Dieses Ursprüngliche. Dieses Sprunghafte.« Eben diesen Auszug aus Meyers Menschenkenner-Lexikon muss man im Zusammenhang sehen mit dem ambivalenten System der DDR-Sportlerförderung. Dessen Vorzüge bei der beruflichen Absicherung hat Peter Ducke ausschöpfen dürfen. Sein Mitspieler Dieter Lange kann das heute mit historischer Weisheit kommentieren: »Er wurde zu Beginn an die Hand genommen, wie das so in der DDR war: Pioniere an die Hand genommen, FDJler an die Hand genommen, Spieler an die Hand genommen. Eigene Vorstellungen hatte da doch kaum jemand.«

Genau das belegt ein Stasi-Protokoll über Peters Ausbildung in den 60er Jahren. »Im Frühjahr 1967 nahm er in einer Sonderklasse das Studium zum Erwerb der mittleren Reife auf. Obwohl er über seine berufliche Perspektive noch nicht volle Klarheit hat, nimmt er diese sehr ernst.« 1969 begann der gelernte Spitzendreher ein Fernstudium zum Ingenieur für wissenschaftlichen Gerätebau an der Sektion Technologie der Friedrich-Schiller-Universität; er bemühe sich – wieder Stasi-O-Ton – »trotz fachlicher Schwierigkeiten das Lernziel zu erreichen«.

Folgerichtig brach er diese Ausbildung ab und begann 1973 ein Sportlehrerstudium. »Ich hatte da ein Problem: Ich wollte immer die andere Schiene. Trainer, das war gang und gäbe. Aber Maschinen bauen und so? In dieser Studienphase hatte ich alles versaut und verbaut«, erzählt Peter. Dafür biss er sich anschließend in seinem Sportstudium durch, das er in Hauptteilen parallel zu seinen letzten aktiven Jahren absolvierte und 1978 mit der Diplom-Verteidigung beendete. Das Thema seiner Diplom-Arbeit lautete: »Soziologische Untersuchung zum Stand der Bewusstseinsbildung und zum Zeitbudget jugendlicher Leistungssportler im Fußballklub Carl Zeiss«. Co-Trainer Bernd Stange schrieb über Peter

Den intuitiven Ducke-Stil kann man nicht lehren – aber Spaß am Spiel und ein paar Tricks. Peter bei der Fußball-Sommerschule in Beierfeld 2005 mit Norman Goldner.

im Jahr 1974 dies nieder: »Seinen studentischen Verpflichtungen kommt er gewissenhaft nach, auch wenn sie ihm erhebliche Mühe bereiten.«

Offenbar konnte sich Peter einer guten Fürsorge sicher sein; er schwärmt heute noch vom Sportinstitut der Jenaer Friedrich-Schiller-Universität, das personell vielfältig mit dem Fußballklub verzahnt war: »Fünf Jahre Fernstudium mit Abitur parallel. Wir hatten das Glück: Wir hatten unsere Wissenschaftler, unsere Freunde vor Ort, zu denen man gehen konnte. Man war wohlbehütet. Tag und Nacht. Hugo Weschenfelder, Paul Dern, Manfred Dressler, Manfred Thieß (der Betreuer seiner Diplom-Arbeit – T.S.), Riebel-Werner ... Alles individuell. Ideale Bedingungen. Die haben immer darauf geachtet, dass du jeden Tag drei, vier Stunden in das Studium steckst.« Lothar Kurbjuweit, der Mannschaftskamerad und Olympiasieger, er hat eine Zeitlang zusammen mit Peter studiert: »In allen praktischen Fächern – konnte er alles. Das war ein Bewegungstalent. Wir haben Basketball gespielt, wir haben geturnt. Mir fällt im Moment nichts ein, wo ich gesagt hätte, hier ist der Ducke aber untalentiert. Ich selbst habe an den Ringen gehangen wie so ein nasser Sack. Da hat er dort sein Ding gemacht. Klar hat der das sicher auch irgendwann mal geübt, aber sicher nicht so intensiv, dass man das ohne Begabung auf diesem Niveau hätte rüberbringen können. Er hat in der Tat für alles, was motorische Abläufe anbelangt, ein außergewöhnliches Talent mitgebracht.«

Man wusste beim FC Carl Zeiss, was Peter Ducke für den Klub geleistet hatte. Der damalige Spruch des Fernsehreporters Werner Eberhardt stand wie eine mahnende Wolke über der Saale-Stadt: »Jena ohne Peter Ducke, das ist wie Weihnachten ohne Schnee.« Aus der Art seiner beruflichen Einbindung sprach zunächst durchaus Dank, Fürsorgepflichtgefühl und die Hoffnung, etwas von der Duckeschen Genialität an die Jugend weitergeben zu können. Bernd Stange über den »schwarzen Peter« als »Talentetrainer«: »Er kriegte die besten Talente des FC Carl Zeiss, um den Leuten etwas beizubringen. Stürmertraining. Das wurde alles neu eingeführt; das war eine Arbeitsbeschaffungsmaßnahme für ihn; der Legende Peter Ducke geschuldet, haben wir damals diese Stelle geschaffen. Aber ich glaube wohl, wegen seiner Spontaneität wäre er nie ein großer Trainer geworden. Er hat gute Arbeit gemacht, aber irgendwie stand alles nicht auf stabilen Füßen. Er hat sich nicht weiterentwickelt als Trainer, ist dann sehr schnell ausgewichen.«

»Vielleicht ist das, was im Leben nicht immer positiv ankommt, das Positive für den Instinktfußballer, der Peter Ducke nun einmal war.« Hans Meyer

Auch Peter hat daran keine guten Erinnerungen: »Fünf, sechs Jungs von der Sportschule sollten spezifisch von mir ausgebildet werden. Das befriedigte mich irgendwie nicht. Beispiel: Wollte ich am Wochenende mit ihnen etwas machen, hatten sie ein Spiel. Manchmal waren dann nur zwei, drei Jungs bei mir. Das lief so am Rande mit; das war nicht das, was ich wollte.« Ein Stasi-IM »Peter Gabriel« beschrieb das Problem im Februar 1979: »So brachte zum Beispiel der Ducke bei einer Trainerberatung in Bad Blankenburg zum Ausdruck, dass er im FC keinerlei Möglichkeiten findet, um seiner eigentlichen Aufgabe, der Ausbildung von Stürmertalenten, nachzukommen. Normalerweise finden zwischen dem Ducke und den Trainern der einzelnen Mannschaften Abstimmungen statt, bei denen festgelegt wird, wann welcher Sportler zum Training bei Ducke freigestellt wird. Doch werden diese Abstimmungen nicht eingehalten, da jeder Trainer Bestrebungen zeigt, möglichst keinen Sportler aus seinem Training herauszulösen. So ist der Ducke schon mehrfach im Stadion gewesen, ohne dass ein Sportler anwesend war. Die Reaktion des Ducke ging dann in die Richtung, dass er der Leitung des FC Carl Zeiss zu verstehen gab, dass sie ja wisse, wo er wohnt, und er auch ein Telefon habe, und wenn sie ihn mal brauchen, sollen sie ihn anrufen. Daraufhin erschien Ducke nicht mehr zum Training.«

Hier blitzt es auf: Peter Ducke ist auch abseits des Fußballplatzes spontan und unberechenbar. Nur wirkte das damals – Hans Meyers Psychogramm erweist sich hier als treffend – auf die Umwelt nicht unbedingt positiv. Irgendwer hatte irgendwo schon längst wieder mit der Bearbeitung eines »PD«-Kerbholzes begonnen. Hilmar Ahnert, der damalige Klubchef, erläutert das gut 25 Jahre später am Beispiel des zarenhaft mächtigen wie selbstgefälligen, aber allzeit gut informierten Zeiss-Generaldirektors Prof. Wolfgang Biermann, der aus Berlin nach Jena gekommen war. »Als Generaldirektor Biermann bei uns hier anfing, sagte er, ›Genosse Ahnert, ich brauch für meinen Sohn ein Trikot, Rückennummer 9, Peter Ducke‹. Eine Woche später hatte er sein Trikot. Er sagte, ›den Ducke nimmste jetzt mit in die erste Mannschaft als Trainer‹. – Ich darauf: Der kann das nicht. – Biermann: ›Das machste!‹ – Ich wieder: Der kann das nicht. Wir setzen ihn im Nachwuchsbereich ein. – Biermann: ›Ich beobachte das jenau.‹ – Nach sechs Wochen hat er mir auf die Schulter geklopft. ›Mit dem Ducke, das haste richtig jemacht.‹«

Dass die Arbeit als Nachwuchstrainer kein leichtes Geschäft war, bestätigt aus seiner Erfahrung Peters Bruder Roland, der bis 1975 ein Studium absolvierte, bis 1991 als Nachwuchstrainer arbeitete und zum Beispiel die Jenaer B-Junioren gemeinsam mit Olympiasieger Konrad Weise bis zum DDR-Meistertitel geführt hat. Ständig habe man mit den Lehrern des Jenaer Sportgymnasiums, der damaligen Kinder- und Jugendsportschule (KJS), in komplizierten Verhandlungen gestanden. »Ach, und dann kamen die Lehrer, sagten, weil Schüler X in der Schule schlecht war, sollte ich ihn am Sonntag nicht spielen lassen. – Was damit ja nichts zu tun hatte. Und dann: Trainingspläne erstellen! Ist ja alles gemacht worden. Aber sich danach richten? – So viel Zeit hast du ja gar nicht gehabt.«

Peter Duckes Kerbholz indes füllte sich weiter. Hilmar Ahnert, der damalige Klub-Chef: »Ständig wurde ich genötigt und gedrängt, den Peter Ducke zu entlassen; ich habe das abgelehnt auf Grund meiner langjährigen Beziehung zu ihm.

Ich hab ihn so lange gedeckt, wie das ging; ich hab das mit meinem Posten bezahlt, im wahrsten Sinne des Wortes.« Mehrere der mit Peter Vertrauten gaben für dieses Buch zu verstehen, dass auch die damals sich mehrenden äußeren Anzeichen des Scheiterns der ersten Ducke-Ehe in der Leistungssport-Hochburg Jena kaum auf Verständnis stießen. – Sein Auto nachts vor einer anderen Haustür. Eltern der Ducke-Schützlinge, die sich deshalb aufregten. Hilmar Ahnert grübelt heute noch darüber nach und zieht Peters erste Jahre in Jena zu Rate: »Der war damals nie einer, der den Frauen nachgestiegen ist, so weit ich das einschätzen kann. Wenn der sich bei einer Frau wohl fühlt, kann das ein sehr treuer Mann sein.« Unter der ersten Scheidung habe Peter stark gelitten, wie ihm, Ahnert, damals auch dieses Gespräch unter acht Augen zeigte – er, sein Vize und das Ducke-Ehepaar an einem Tisch. Hilmar Ahnert erinnert sich, wie er Peter Ducke bei diesem Treffen mit Moral und Vernunft beizukommen versuchte. »Die Ingrid sagte kein Wort; der Peter heulte fast.«

Der Vorfall, der das Fass zum Überlaufen brachte, ereignete sich im Oktober 1979. Ein westdeutscher Cousin von Peters Ehefrau Ingrid weilte eine Woche in Jena. Und so dämmerte der Tag X: Peter musste als Nachwuchstrainer früh raus, weil er sich um einige Nachwuchsspieler kümmern sollte, die sich in der Reha-Phase befanden und Aufbau-Training benötigten. Peters Rückschau: »Ich hatte zu der Zeit kein Auto; also nahm ich den Citroen von Ingrids Cousin und fuhr ins Stadion. Ich begrüßte den Platzwart; niemand sonst sprach mich an.« Einige Monate später aber wurde er vorgeladen in den »Roten Salon« des Ernst-Abbe-Stadions. »Die hatten nie aufgehört aufzupassen und Vorschriften zu machen«, sagt Peter verbittert. »Ich war für die ein gefundenes Fressen. Das war großartig vorbereitet. Da waren Leute von Berlin gekommen. Da wurde geredet von ›Vorfall, den wir nicht dulden können‹. Schon die Anrede, ›Sportfreund Ducke, Peter‹. Da merkte, da spürte man, was jetzt Sache ist. Die hatten völlig vergessen, was man die letzten 20 Jahre geleistet hatte. ›Klassenfeind in der Wohnung, nichts gemeldet‹, hieß es da. Plötzlich fühlte ich mich ganz alleine, ging mir alles durch den Kopf, wie ich damals nach Jena gekommen bin. Früher Liebling der Nation – und jetzt, bin ich jetzt ein Arschloch?, fragte ich mich. – Man hat mich dann in die Wüste geschickt.«

»Ich sagte mir: Du hast den Klub mit groß gemacht. Da war ich immer so stolz drauf. Und das jetzt alles zunichte! Es war alles hohl und leer in mir.« Peter Ducke

Er sollte DTSB-Stützpunkte für den Nachwuchsbereich betreuen. In Kahla und Eisenberg, zwei Städtchen im Landkreis um Jena. Auch wurde er aus dem Klub ausgeschlossen. »Als hätte man mich aus der Familie gedrängt. – Ich sagte mir: Du hast den Klub mit groß gemacht. Da war ich immer so stolz drauf. Und das jetzt alles zunichte! Es war alles hohl und leer in mir.«

Am 31. Januar 1980 erfolgte seine offizielle Abberufung. Zu jenem Zeitpunkt hatten SED, DTSB und Fußballverband aber auch die Nase von Präsident Hilmar

Ahnert voll. Er erhielt per 28. Februar 1980 seine Abberufung aus Berlin. Und die las sich so: »In der Forderung nach konsequenter Arbeit mit den Reisekadern des Fußballklubs gab es in letzter Zeit bezüglich der Abgrenzung zu Bürgern des kapitalistischen Auslands kritikwürdiges Verhalten und Inkonsequenzen von Genossen Ahnert bei der Behandlung von Verstößen. Damit wurden grundsätzliche Prinzipien des DDR-Leistungssports verletzt und disziplinarische Maßnahmen gegen ihn und Mitglieder des Fußballklubs notwendig. Genosse Ahnert hat daraus die erforderlichen Konsequenzen gezogen.«

In die Waagschale gelangte damals neben Peter Duckes Citroen-Fahrt auch der Fall des Klub-Masseurs. Der hatte sich – nur mit schwacher Haarpracht gesegnet – beim Aufenthalt der Mannschaft in Düsseldorf ein Haarteil gekauft, dafür von westdeutschen Betreuern Geld geliehen und seine Schulden mit Kunstgegenständen beglichen. Hilmar Ahnert heute: »Ja, der Citroen war der letzte Auslöser. Fährt damit in ein Objekt des DDR-Leistungssports! Dieses Auto auf der Straße normal genutzt, hätte niemand etwas gesagt. Das muss man unter DDR-Überschrift sehen. Roland Ducke zum Beispiel hat sich zu DDR-Zeiten einen Volkswagen als Ruine besorgt und zusammenbauen lassen. Er war der erste, der einen Volkswagen fuhr. Das war überhaupt nicht gern gesehen. Aber bei Peter: Nach Problemen mit dem Job, mit der Ehe, nach Protesten der Erziehungsberechtigten noch diese Sache!«

»So eine Geschichte mit einer anderen Frau – das passte doch nicht in das sozialistische Weltbild.« Lothar Kurbjuweit

Lothar Kurbjuweit hat den Eindruck, dass man sich damals lange Zeit um Peter bemüht habe. »Dann hat man ihn fallen lassen. So eine Geschichte mit einer anderen Frau – das passte doch nicht in das sozialistische Weltbild. Wohl kam er auch ab und an zu spät zum Training, vermittelte seiner Umwelt nie das Gefühl, dass er sich mit dieser Trainerstelle identifiziert. Mit dieser Impulsivität, diesem Gar-nicht-drüber-Nachdenken, dieser Unberechenbarkeit hat er möglicherweise in seinem späteren Leben weitergemacht, unbewusst wahrscheinlich. Eben ein intuitiver Mensch.«

Mächtig angesäuert ist Hilmar Ahnert bis heute, dass er – trotz seines eigenen damaligen Niederganges – nach der Wende via Zeitschriftenartikel beschuldigt wurde, Peter Ducke 1979 per Brief in Berlin bei der Stasi angeschwärzt zu haben. Besagter Brief sei nicht von ihm und auch nicht an die Stasi, sondern an den Fußballverband geschickt worden. Sein Stellvertreter habe damals auf Drängen der SED-Bezirksleitung Informationen an den Fußballverband gegeben, was es mit dem Citroen auf sich hatte.

Wie zu erwarten war – auch die Beschäftigung als »Stützpunktbetreuer« in Kahla und Eisenberg währte nur kurz. Peter hatte das als Verbannung empfunden, und organisatorisch lief alles miserabel. Hilmar Ahnert: »Ich glaube, dass der Peter hingefahren ist, sich die Schuhe angezogen und gewartet hat, dass die Leute kommen. Da hätte er sich drum kümmern müssen; es wird niemandem der rote Teppich ausgerollt. Aber er ist nun mal kein Organisator.« Wie also weiter mit dem großen »schwarzen Peter«, von dem man jetzt keine Tor- und Sieg-Garantiescheine mehr erwarten konnte als erdrückendes Gegengewicht zu Disziplinarschwierigkeiten? Peter selbst war sich in einem Punkt gewiss: »Dass ich mit Kindern anders spreche! Ich hatte die richtige Sprache; weiß auch nicht, wieso, warum. Da war nie etwas mit ›Sie‹; immer: ›Peter‹. Ich bin immer auf sie zugegangen. Also besser auf Kinder als auf Erwachsene.« Walter Jahn, der frühere Nachwuchs-Chef, besinnt sich der Urlaubsfahrten von Klubmitgliedern samt deren Angehörigen, etwa an den Müritzsee. »Die Kinder waren verrückt nach Peter Ducke. Der hat sich mit ihnen abgegeben. Da war ich überrascht von ihm. Die rannten hinter ihm her wie eine Schar Entenkücken. Das war hervorragend. Das ist seine Art. Wie ein Magnet.«

Genau diese Gabe kam ihm zupass, nachdem die Schicksalswürfel beruflich doch noch einmal ein paar freundlichere Zahlen zeigten: Seine zweite Ehefrau Ute hatte durch eigene berufliche Verknüpfungen Kontakt herstellen können zum damaligen Stadtschulrat Kurt Geyer – in den DDR-Strukturen eine Art kommunaler Bildungsminister, vergleichbar etwa dem heutigen Posten des Schulamtsleiters, nur viel entscheidungsmächtiger und autoritärer. Peter berichtet von Geyers Sohn Bernd, wie der ihm den eigenen Vater als großen Peter-Ducke-Fan darstellte. »Der hatte sogar Bilder von mir an der Wand hängen.« Also kein Wunder, dass Peter bald ein sehr unkompliziertes Vorstellungsgespräch beim allmächtigen Stadtschulrat hatte: »Willst du Sportlehrer bei uns machen? An welche Schule willst du?«, habe es da geheißen. Seine erste Station als Lehrer, eine Schule im Neubaugebiet Lobeda, sei insbesondere wegen der damaligen Schulleiterin etwas beklemmend gewesen, sagt Peter. »Eine 200-Prozentige! Damals kamen amerikanische Astronauten ums Leben. Sie darauf: ›Wieder ein Schlag gegen den Imperialismus!‹ So eine war das.«

Gleichwohl ist Peter Ducke, der Anfang 2005 in den Vorruhestand wechselte, zufrieden mit seiner Lehrer-Laufbahn. »Das war für mich im Nachhinein ein Lotto-Gewinn.« Er denkt an andere Spieler aus dem einstigen Jenaer Star-Ensemble, die mit allen denkbaren Trainer-Scheinen ausgestattet sind und nach Karriere-Ende wichtige Rollen im Fußballgeschäft bekleideten. »Nur waren sie nach der Wende auch nicht mehr so gefragt, als die Wessis kamen.« Der Harald Irmscher zum Beispiel, wie der sich mit einer Tür-Sanierungsfirma profilierte! »Jeden Morgen halb fünf raus. – Ich bewundere das.« Nur sei ihm seine eigene Arbeit als Sportlehrer da schon lieber gewesen, sagt Peter. »Also ehrlich!«

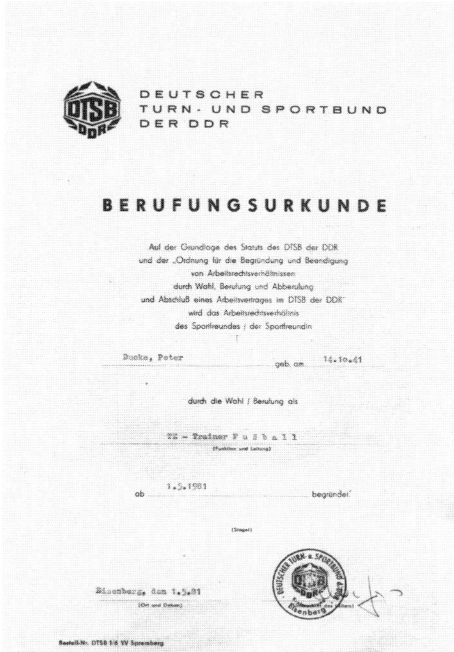

DEUTSCHER TURN- UND SPORTBUND DER DDR

BERUFUNGSURKUNDE

Auf der Grundlage des Statuts des DTSB der DDR
und der „Ordnung für die Begründung und Beendigung
von Arbeitsrechtsverhältnissen
durch Wahl, Berufung und Abberufung
und Abschluß eines Arbeitsvertrages im DTSB der DDR"
wird das Arbeitsrechtsverhältnis
des Sportfreundes / der Sportfreundin

Ducke, Peter geb. am 14.10.41

durch die Wahl / Berufung als

TZ - Trainer F u ß b a l l
(Funktion und Leitung)

ab 1.5.1981 begründet.

(Siegel)

Eisenberg, den 1.5.81
(Ort und Datum)

Bestell-Nr. DTSB 1/6 VV Spremberg

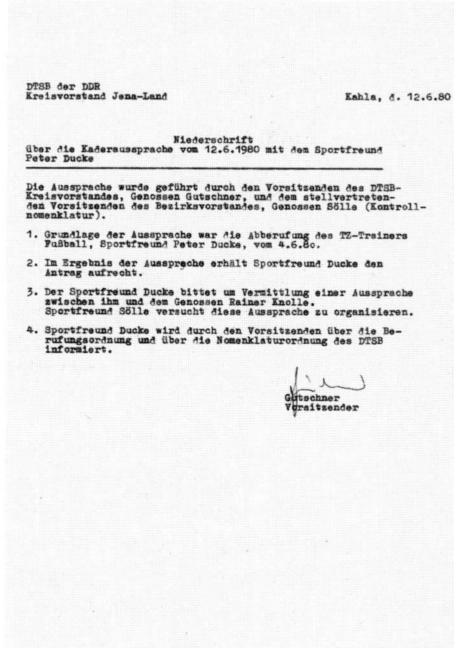

DTSB der DDR
Kreisvorstand Jena-Land

Kahla, d. 12.6.80

Niederschrift
über die Kaderaussprache vom 12.6.1980 mit dem Sportfreund
Peter Ducke

Die Aussprache wurde geführt durch den Vorsitzenden des DTSB-Kreisvorstandes, Genossen Gutschner, und dem stellvertretenden Vorsitzenden des Bezirksvorstandes, Genossen Sölle (Kontrollnomenklatur).

1. Grundlage der Aussprache war die Abberufung des TZ-Trainers Fußball, Sportfreund Peter Ducke, vom 4.6.8o.
2. Im Ergebnis der Aussprache erhält Sportfreund Ducke den Antrag aufrecht.
3. Der Sportfreund Ducke bittet um Vermittlung einer Aussprache zwischen ihm und dem Genossen Rainer Knolle. Sportfreund Sölle versucht diese Aussprache zu organisieren.
4. Sportfreund Ducke wird durch den Vorsitzenden über die Berufungsordnung und über die Nomenklaturordnung des DTSB informiert.

Gutschner
Vorsitzender

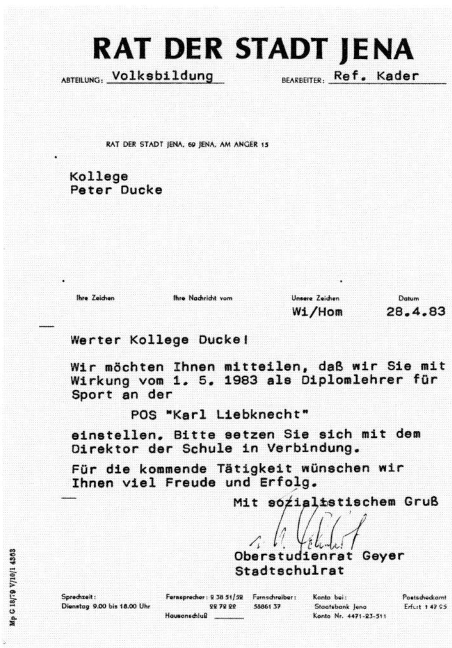

RAT DER STADT JENA

ABTEILUNG: Volksbildung BEARBEITER: Ref. Kader

RAT DER STADT JENA, 69 JENA, AM ANGER 15

Kollege
Peter Ducke

Ihre Zeichen	Ihre Nachricht vom	Unsere Zeichen	Datum
		Wi/Hom	28.4.83

Werter Kollege Ducke!

Wir möchten Ihnen mitteilen, daß wir Sie mit Wirkung vom 1. 5. 1983 als Diplomlehrer für Sport an der

POS "Karl Liebknecht"

einstellen. Bitte setzen Sie sich mit dem Direktor der Schule in Verbindung.

Für die kommende Tätigkeit wünschen wir Ihnen viel Freude und Erfolg.

Mit sozialistischem Gruß

Oberstudienrat Geyer
Stadtschulrat

Sprechzeit: Dienstag 9.00 bis 18.00 Uhr – Fernsprecher: 2 38 51/52, 22 72 22 – Hausanschluß ______ – Fernschreiber: 58861 37 – Konto bei: Staatsbank Jena, Konto Nr. 4471-23-511 – Postscheckamt Erfurt 1 47 55

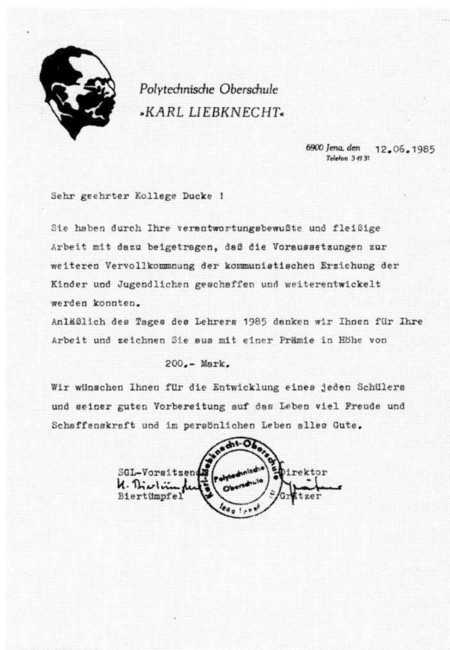

Polytechnische Oberschule
»KARL LIEBKNECHT«

6900 Jena, den 12.06.1985
Telefon 3 41 31

Sehr geehrter Kollege Ducke !

Sie haben durch Ihre verantwortungsbewußte und fleißige Arbeit mit dazu beigetragen, daß die Voraussetzungen zur weiteren Vervollkommnung der kommunistischen Erziehung der Kinder und Jugendlichen geschaffen und weiterentwickelt werden konnten.
Anläßlich des Tages des Lehrers 1985 danken wir Ihnen für Ihre Arbeit und zeichnen Sie aus mit einer Prämie in Höhe von

200,- Mark.

Wir wünschen Ihnen für die Entwicklung eines jeden Schülers und seiner guten Vorbereitung auf das Leben viel Freude und Schaffenskraft und im persönlichen Leben alles Gute.

SGL-Vorsitzender
Biertümpfel

Direktor
Grätzer

Mp G 18/81 V/10/1 6444

»Sportfreund Ducke« und die Amtswalter sozialistischer Leibesertüchtigungen im damals üblichen Jargon:

o. l.: Berufgungsurkunde als Trainer im Jenaer Landkreis.

o. r.: Peter Ducke versuchte zunächst vergeblich, das für ihn unerfreuliche Arbeitsverhältnis zu ändern: Niederschrift eines Kadergespräches nach Duckes Antrag auf Abberufung als Nachwuchstrainer im Landkreis.

u. l.: Im Nachhinein ein Lottogewinn: Einstellungsurkunde als Sportlehrer in Jena.

u. r.. Die »Voraussetzung zur Vervollkommnung der kommunistischen Erziehung … geschaffen und weiterentwickelt« – Standardlob der Oberschule, Sprachwulst inclusive.

Komm mir nicht mit der Zeit

Ein bisschen »Hätte, Wenn und Aber« muss sein. Wie würde Peter Ducke zum Beispiel dastehen, wenn er 20 oder 30 Jahre später aktiv gewesen wäre? Hans Meyer hat es doch gesagt: Er wäre ein »Jahrhundertrenner« bei internationalen Klubs geworden. Nur fährt Meyer fort: »Ob er immer den Kopf dazu gehabt hätte? – Wenn ich Kopf sage, meine ich nicht dumm, klug oder schlau. Ich kenne viele Schlaue, die sind im Leben Dumme gewesen. Und umgedreht. Aber ob er in dieser anderen Welt mit ihren Einflüssen, mit den Geldern, den falschen Freunden – ob das immer bei ihm geklappt hätte, steht auf einem anderen Blatt.« Bernd Stange ist sich zumindest in punkto Massenwirkung sicher: »Peter Ducke wäre heute, auch mit seinen Charaktereigenschaften, ein Zeitungsfüller ohne Ende.«

Ist es nicht wiederum einleuchtend, dass Peter Ducke – damals mit Unfair-Play vom Gegenspieler allzeit provoziert – heute einen besseren Stand hätte, weil es heute härtere Regelauslegungen für den Foulspiel-Fall gibt? Nein!, sagt Peters einstiger Mannschaftskamerad Dieter Lange. »Wenn heute die Regeln richtig ausgelegt würden, müsste die jeweils halbe Mannschaft runter vom Platz. Ich glaube, Peter würde heute wegen des unfairen Spiels der Gegner sogar noch wilder werden. Früher wurde anständiger geholzt, die gingen mehr von vorne zur Sache – aber heute diese Tacklings von hinten und so ...«

»Sonnengott«-Trainer Georg Buschner ist hier ähnlicher Auffassung: »Es ist so, dass der Peter Ducke bei uns mehr an Härte gewöhnt wurde. Außerdem sind die Schiedsrichter doch keine Dummen gewesen; die haben sehr schnell gesehen, was das für ein Talent ist, was das für ein Spieler ist. Die Klubtrainer hatten jedes Jahr einmal mit den Schiedsrichtern konferiert; da war man sich einig, dass die guten Spieler ja geschützt werden sollen. Die Schiedsrichter hatten meiner Meinung nach damals ein ganz gutes Gespür dafür entwickelt.« Gewiss, bei Peter hätten sich die »Nehmer-Qualitäten« zunehmend entwickelt, sagt Michael Strempel, der härteste unter den DDR-Nationalverteidigern. »Ich vermute mal, dass das Training ihm geholfen hat, Drucksituationen hinzunehmen.« Indes ist Strempel überzeugt, dass Peter heute noch schwerer zu stoppen wäre. Auch denkt der einstige Top-Verteidiger wohl an seine eigene kompromisslose Spielweise, wenn er – gleichwohl verhalten-diplomatisch – sagt: »Beim Kampf um den Ball konnte man sich früher viel erlauben.«

Kann man aus der Peter-Ducke-Biographie etwas lernen – wo und wie für Fußball-Genialität die Saat gelegt werden muss? Oder enthält die Frage zu viel Suggestion? Denn: »Man kann ja einiges trainieren«, sagt Lothar Kurbjuweit, der Olympiasieger, Ex-Cheftrainer und Ex-Präsident des FCCZ. »Bis zu einer gewissen Grenze ist das sicherlich machbar. Aber es gibt eine Schwelle: Hier unterscheidet sich der Durchschnittsfußballer vom Klassemann. Ob das Bewegungsabläufe sind, ob das Gedankengänge sind – fußballerische, meine ich. Ich glaube nicht, dass ein Peter Ducke an einem Sportgymnasium mit konzentrierter, fundierter Ausbildung ein besserer Fußballer geworden wäre. Der Junge hatte einfach ein Talent, einen Instinkt – das ist für mich der Unterschied. Er war ja auch kein Fauler; er hat ja trainiert wie ein Berserker. Wenn der aufm Platz ist, ob zum Training oder zum Spiel, hat bei dem irgendetwas geklickt. Das behaupte ich einfach mal.«

Bliebe aber auch zu fragen: Gab es in Peters Kopf überhaupt die klare Trennung »aufm Platz« und »abseits vom Platz«? Oder anders formuliert: War er in höherem Grade »Totalfußballer« als es bei Profis im Durchschnitt üblich ist? Wenn ja, dann könnte das ja eine Erklärung für die Beobachtung des Stadionsprechers Rolf Weidner sein: »Er hat für meine Begriffe kaum eine Formkrise gehabt, die über einen längeren Zeitraum dauerte.« Oder mal ein Ducke-Detail: Wie ist das mit Peters berühmt mysteriöser Schusstechnik? – Wie sollte man die denn jemandem lehren?, fragt Dieter Lange. »Der hat wirklich einen ganz eigenartigen Schuss gehabt; ich weiß nicht, womit das zusammenhängt. Der Ball kam am Tor an wie so ein fallendes Blatt. Ob das am Spann lag oder weil er ihn unterschnitten hatte?«

»Peter hatte ein paar Finten, die er selbst gar nicht überschaut hat. Er hat Bewegungen gemacht, die nicht programmiert waren.« Hans Meyer

Auch aus Hans Meyers Sicht lässt sich die »Vorbild-Frage« nicht so einfach beantworten. »Wo er das unglaubliche Talent her hat, weiß man nicht. Die Gene? Vom Vater vielleicht? Peter hatte ein paar Finten, die er selbst gar nicht überschaut hat. Er hat Bewegungen gemacht, die nicht programmiert waren. Was du lernen kannst als Kind: dass neben das Talent diese absolute Fußballverrücktheit gehört. Dass du den Fußball so liebst, dass du ohne ihn nicht sein kannst. Peter war für mich der Inbegriff des Fußballverrückten. Für alles andere, was du der Jugend gerne mitgeben willst, ist der Peter kein gutes Beispiel. Er hat sehr, sehr wenig bewusst gemacht. Der hat Tore geschossen, wo du rein vom Lehrbuch her gesagt hast, der darf doch nicht schießen. Er passt nicht in dieses Klischee: Vorbild und alles ganz bewusst leben und so. Nein, so war er nicht. Das kam bei ihm von innen heraus.«

Bernd Stange liefert eine besonders nüchterne, deshalb aber besonders gut greifbare Diagnose. »Kicken Tag und Nacht. Letzendlich Straßenfußball. Das war es doch beim Peter. Heute sieht das so aus, dass der Junge nach der Schule von den Eltern zum Stadion gefahren wird. Dass er dort trainiert, seine Einheit absolviert und nach dem Duschen von seinen Eltern kontrolliert abgeholt wird. So sieht das aus. Da kommt Einheitsfußball raus. Es wird zu wenig trainiert. Straßenfußball lief viel länger. Die Jungs haben zweieinhalb, mit Pausen drei Stunden gekickt. Immer wieder, immer wieder mit dem Ball gearbeitet. Heute geht eine Übungseinheit anderthalb Stunden, wenn der ehrenamtliche Übungsleiter mal weniger Zeit hat, auch mal nur eine Stunde. Das reicht einfach nicht. Die Jungen sind im besten Lernalter, die sind belastbar, da könnte man zwei, zweieinhalb Stunden arbeiten. Auch die Ausbildung der Übungsleiter lässt zu wünschen übrig. Man investiert zu viel Geld in die Anlagen; jedes Leistungszentrum hat vier Rasenplätze und einen Kunstrasenplatz und die besten Bälle. Jeder Spieler hat alles, aber die Ausbildung stagniert.«

Das große Erstrahlen neuer Sterne am deutschen Fußballerhimmel erwartet Bernd Stange also derzeit nicht. »Wegen Peter Ducke sind allein 5-, 6-, 7 000 Leute gekommen, nur um ihn zu sehen. Spielte er nicht, kamen sie nicht. Seine großen Spiele waren ja schon die Ungarn-Spiele, wo Peter reihenweise als 19-Jähriger die Leute auseinandergenommen hat. Diese extremen Typen gibt es heute nicht mehr. Heute sehen sie alle aus, als wären sie durch ein Kanonenrohr geschossen worden, wo wirklich jede Ecke und jede Kante abgeschliffen wird. Einheitsbrei ist das, und das herausragend Extreme ist unserem Fußball verloren gegangen. In Ost und West. Diesen Gerd Müller und den Franz Beckenbauer, die gibt es ja auch nicht mehr. Diese deutschen Fußballnationalspieler sehen ja letzten Endes alle gleich aus.«

Nur: Sind die meisten Kinder denn heute im Unterschied zu einem Peter Ducke in seinen »Nachwuchsjahren« nicht zu sehr durch Freizeitangebote abgelenkt? Roland Ducke zum Beispiel ist stark geneigt, das heute so zu sehen. »Wir haben überall mitgespielt und mitgemacht, wo einer gefehlt hat. Ob das bei den Handballern war oder bei der Leichtathletik. Ich hab sogar als 15-Jähriger in der ›Alte Herren‹ gespielt, weil dort einer gefehlt hat. Es gab ja auch nischt anderes; für uns war Fußball, war Sport das Leben. Nicht so wie heute; heute haben die so viele Möglichkeiten.« Hans Meyer winkt indes mit großer Geste ab. Entscheidend sei schon, was Vereine und Trainer zu bieten haben. Er erzählt von seinem brasilianischen Schützling Marcelinho bei Hertha BSC: ausgeflippt, technisch genial, unberechenbar – also mit Peter gut vergleichbar. »Das ist genau so einer«, sagt Meyer. »Hör also auf, komm mir nicht mit der Zeit!«

Zu Peters sechzigstem Geburtstag organisierten das Präsidium des FCCZ und seine zweite Frau Ute ein riesiges Spektakel. Das Bild zeigt den »Meister« mit den Kinder- und Jugendmannschaften des FCCZ.

Fußballmeister in den Jahren 1963 ∘ 1968 ∘ 1970
1963 1. DDR-Meistertitel
1968 2. DDR-Meistertitel
26:0 Heimpunkte bei 29:3 Toren – Grundlage des Titels
Die Erfolgsbilanz der Zeiss-Städter 1967/68
DEUTSCHER FUSSBALL VERBAND
Pokalsieger 1960
1960 1. Pokalerfolg
FUSSBALLCLUB

Bis Sonnenuntergang

Fahren, fahren, fahren auf der Autobahn. – Du, du: Reporter, du! Solltest du nicht darauf bedacht sein, zu deinem journalistischen »Objekt« kritische Distanz zu wahren? Jetzt sitzt du mit Peter Ducke in deinem Auto, fährst mit ihm nach Schönebeck, wo er aufgewachsen ist. Eben ein wenig von seiner Kinder- und Jugendatmosphäre einatmen. Bist du jetzt bald wie Waldi Hartmann von der ARD, der sich jedem in der Bundesliga gegenüber kuschlig vertraut gibt? Du Reporter, du! Nun, denk mal an Herrn Schmidt – kurzzeitig dein Stiefvater. Und wie du meist talent-, taten- und torlos beim FC Carl Zeiss in der Kindermannschaft gespielt hast. Wie du bei einem Hallenturnier doch einmal gut drauf warst und der Herr Schmidt anschließend giftete: ›Na, wohl nur an Peter Ducke gedacht?‹ Von wegen: Nur!! – Fahren, fahren, fahren auf der Autobahn. Peter erhält via Handy einen Anruf. »Hm. Ja. Werde mal kurz vorbeischauen. Bin gerade auf dem Weg nach Schönebeck. Die alte Heimat, du weißt schon. Tschüss.« – Peter seufzt dir was vor: »Oh, Mist. Ganz vergessen. Bin heute Abend zum ›80.‹ eines Unternehmers in Jena eingeladen. Der sagt, ich hätte es versprochen.«

Fahren, fahren, fahren auf der Autobahn. Immerhin, so kannst du dir sagen, hat Herr Schmidt ein einziges Mal etwas Gutes getan: als er dir ein Peter-Ducke-Foto, schwarz-weiß, A-4-Format, besorgte. Daraus resultierte wenig später dein Anfall von Courage: Zehnjährig – das Peter-Ducke-Foto in der Hand – stehst du seit einer Stunde am Osttor des Jenaer Ernst-Abbe-Stadions; beobachtest Peter Ducke beim Training mit seinem FC Carl Zeiss. Dann gibt Trainer Buschner ein Signal: Finito. Die Spieler bewegen sich aufs Osttor zu. Oh, oh, ist der Frühling noch zu jung für die kurze Lederhose, die du trägst – oder weshalb zitterst du? Peter Ducke, Jahrgang 41, damals um die 28, 29, naht in seinem typischen Passgang-Schlenderschritt. Deine Körpertemperatur stürzt ab, dein Rücken ist blitzschnell schweißnass, deine Beine drohen einzuklappen, deine Hände spürst du nicht. Der präpubertäre Kollaps gleicht den Körperreaktionen knapp 20 Jahre später an der Universität, als du bei einer mündlichen Examensprüfung genau das Thema genannt bekamst, das du zuvor beim Lernen nach der Russisch-Roulett-Methode aussortiert hattest. »K-k-k-k-kö-kö …« Peter Ducke lächelt, greift sich den blauen Filzstift und unterschreibt. Die nächsten acht Jahre hing das Foto über deinem Bett.

Ducke im »Bernsteinzimmer« im Fanhaus des Ernst-Abbe-Sportfelds.

Fahren, fahren, fahren auf der Autobahn. Mensch, wirst du jetzt pathetisch; schnappst du jetzt über? So ein bisschen? Bei diesen Assoziationen! Denn du sagst dir: Jetzt nehmen wir gerade im Auto entlang der Elbe wenigstens ein kleines Stück jenes Weges, den Peter vor 60 Jahren mit seiner Familie bei der Flucht aus dem Tschechischen, aus Bensen bei Decin, nehmen musste. – Oh, oh, oh! Träum nicht! Aus dem Nichts ist auf der rechten Fahrspur ein provisorisches Warnschild aufgetaucht. Blaulicht. Polizei. Ein Transporter ist umgekippt; die ganze Ladung liegt auf der Straße: tschechisches Bier! Jetzt schnappst du wirklich gleich über! Ist hier etwas Surreales für uns inszeniert worden? In welchem tschechischen Ort war der Transporter gestartet? Wir fahren, fahren, fahren – ach, du lieber Reifen! – im Schritttempo durch die tschechischen Bierflaschenscherben. Wenn das kein Glück bringt!

Dann die Abfahrt. Vorbei an dem Ausflugspunkt »Bierer Berg«, der nach dem nahen Örtchen Biere benannt ist. Endlich erreichen wir die Schönebecker Elbwiesen; sie tanken gerade kräftiges Frühlingssonnenlicht. Hier hat Peter Ducke als Kind jeden Tag bis zum Sonnenuntergang gekickt. Der Rasen ist teppichweich, weicher jedenfalls als der Rasen im Jenaer Ernst-Abbe-Stadion. Am Rande ein Schiff auf dem Trockenen. Nein, ein Ducke-Ankunft-Memorial ist es offenbar nicht; aber vielleicht sollte man sich das noch einmal anders überlegen. Noch ist es etwas indifferent beschriftet mit »Bootshotel Sonnenschein«. Und nun, lieber Peter, bitte fürs Foto auf den Elbbootssteg! Und bitte so erhaben schauen wie Häuptling Alte Feldschanze auf dem Berg seiner Väter! Ja, genau, Blickrichtung elbaufwärts! Und sag mal, sind euch damals nicht die Bälle in die Elbe geflogen? Kannst du deshalb so gut schwimmen?

In Schönebeck: Wir kaufen Kuchen; Peter hat ein Kaffeetrinken bei seiner älteren Schwester Helga eingeplant. Nur, wie gelangen wir bei diesen vielen Umleitungen zu ihrem Haus? Peter weiß es nicht, die Verkäuferin auch nicht, dafür aber eine Kundin hinter uns. Sie bietet an, wir könnten ihr im Auto hinterherfahren. Und dann kommst du – so vom Logischen her – in ziemlich blöder Mitteilsamkeit auf die Idee, sie etwas zu fragen. Obwohl die junge Frau vom Alter her Peter Ducke als Spieler kaum erlebt haben kann! – »Wissen Sie, wer der Mann dort ist?« – »Nein.« – »Peter Ducke.« – Die junge Frau stellt konsterniert ihre beiden schweren Taschen ab. »Was?! Nein! Das gibt's doch nicht! Wenn ich das meiner Mutter erzähle!« Nur gut: Peter gibt ihr für die Beweisführung eine Autogrammkarte mit.

»Blickrichtung elbaufwärts« – auf den Elbwiesen Schönebecks begann eine außergewöhnliche Fußballerkarriere.

Ducke mit …

… Bruder Roland, 2001

… Bernd Stange, 2005

… Konny Weise, 2001

… Vater Erich in Bensen, 1942

... Wolfgang Hempel beim Vereinsjubiläum von Blau-Weiß Neustadt/Orla

... Gerd Müller, 2001

... Andreas Schmidt-Schaller, 2001

... Rüdiger Schnuphase, 2001

... Thomas Stridde im Einkaufsmarkt in Isserstedt, 2005

... Sprintstar Marlies Göhr, 2005

… Wolfgang Mischnick und dem FCCZ-Trainer Wolfgang Sandhowe, 2001

… Andreas Wecker und Gaby Seifert, 2005

… Werner Heine (ehem. BFC Dynamo), 2003

… Marion, 2005

… Gerd Schädlich (links), 2005

… Wolfgang Overath und Bernd Gerstdorf, 1992

… Schott Jenaer Glas GmbH-Geschäftsführer Wolfgang Meyer, 2001

… »Matz« Vogel, 2001

… Heinz Florian Oertel, 2003

… Auswahlspielerin Anna Blässe vom USV Jena

… Curry Scerdilaid, 2005

… seinem Stetson in Riverton, 2000

Ducke, rein statistisch

Peter Ducke erzielte zwischen 1959 und 1977 im Dress des SC Motor bzw. des FC Carl Zeiss exakt 207 Tore bei 466 Spielen, darunter 352 Erstligaspiele mit 153 Toren, 41 Europacup-Spiele mit 14 Toren, 19 IFC-Spiele mit 12 Toren. Je dreimal wurde er mit seinem Klub DDR-Meister und -Pokalsieger (1963, 1968, 1970 und 1960, 1972, 1974). Überdies absolvierte Peter Ducke 68 A-Länderspiele, wobei er 15 Mal ins Schwarze traf, neun Spiele in der Olympiamannschaft der DDR mit drei Toren sowie fünf Spiele in der Juniorenauswahl der DDR. Alle Spiele addiert, kommt Peter Ducke auf 548 Einsätze mit 225 Toren für seinen Klub und die Auswahlmannschaften. In seiner Oberliga-Zeit gelangen Peter Ducke sieben Hattricks (zwei echte – also drei Tore innerhalb einer Halbzeit – und zwei unechte). 1963 wurde er Oberliga-Torschützenkönig mit 19 Treffern, 1965 Sportler des Jahres, 1971 Fußballer des Jahres und im Jahr 2000 gemeinsam mit Georg Buschner Ehrenmitglied des FC Carl Zeiss. Er gewann mit der DDR-Auswahl Olympia-Bronze in München, war 1974 WM-Teilnehmer, als die DDR auf Rang 6 landete. 1999 wählten ihn die deutschen Sportjournalisten in der Rubrik »Spieler des Jahrhunderts« als den einzigen Ostdeutschen unter die besten zehn Kicker (Rang 9 gemeinsam mit Jürgen Klinsmann). Ebenfalls 1999 wählten die Jenaer Peter Ducke für ihre Stadt zum »Sportler des Jahrhunderts«; mit dem FC Carl Zeiss gehörte er bei dieser Wahl auch zur »Mannschaft des Jahrhunderts«. Sein erster Erstliga-Einsatz datiert vom 8. Mai 1960, als er in der 69. Minute beim Spiel SC Motor gegen SC Aufbau Magdeburg eingewechselt wurde.

Stimmen zu Ducke

Heinz Florian Oertel

(Sportreporter-Legende beim DDR-Rundfunk und -Fernsehen)

Das war Glück. Riesenglück. Fußballglück. Menschen-Glück. Über 40 Jahre durfte ich Riesensportereignisse für Rundfunk und Fernsehen übertragen. Schildern oder kommentieren. Unvergessliche Fußballspiele bei acht Weltmeisterschaften, Dutzenden Europameisterschaften, Europapokalspielen und, und, und … zählten dazu. Und das Glück, Menschen, Fußballspieler wie Peter Ducke dabei, dadurch kennen zu lernen.

Schon 1954 bei der Weltmeisterschaft in der Schweiz bestaunte ich Puskás und die Walter-Brüder. 1958 in Schweden Brasiliens Traum-Asse von Pelé, Didi, Vava bis Garrincha. Und so könnte ich forterzählen. Peter, unser »Schwarzer Peter«, gehört zu jenen Großen, die ich nie vergessen werde und denen ich vieles danke.

Alle Reporterspiele wurden für mich zum Extragenuss, wenn Peter dabei war. Seine Sturmläufe, die verrückten Dribblings, das Witzig-Überraschende, seine knalligen Torschüsse, engagierten Kopfballduelle … ja: Ich komme ins Schwärmen. Mit jedem deutschen Vollblutangreifer der Jetztzeit könnte er mithalten. – Nein! Die würde er in den Schatten stellen, weil es sie nur alle Jahre mal wieder gibt.

Dass gerade wir, meine Generation ihn erleben durfte, das ist Glück. Reporterglück. Vielen Dank!

Aber, auch das gehört zu meinen Lebenserfahrungen und Erkenntnissen: was ist schon ein guter Fußballstürmer, wenn er kein guter Mensch ist. Peter vergaß nie seine Herkunft, sein Drumherum, seine Heimat; alle Menschen, die dazu gehören, die ihn zurecht verehrten und verehren. Wie auch ich.

Wolfgang Overath

(Präsident des 1. FC Köln, Weltmeister 1974)

Peter Ducke lernte ich persönlich bei Prominentenspielen kennen. Er ist einfach ein dufter Typ. Noch immer ist leicht zu erkennen, dass er ein Stürmer der Extraklasse war. Als Mensch mag sich seine offene, ehrliche Art und seine Spontaneität. Ich denke, wir werden noch den einen oder anderen Spaß miteinander haben – auf dem Spielfeld und auch außerhalb.

Uwe Seeler

(Hamburger Fußball-Legende und Ehrenspielführer der Deutschen Nationalmannschaft)

Lieber Peter! Es gibt Freundschaften im Leben, die lösen sich einfach auf. Sie werden vom Tempo des Alltags einfach zermürbt. Dann gibt es Freundschaften, die sind äußerst rätselhaft. Sie halten alles aus. So wie bei uns beiden alten (pardon für das Wörtchen »alt«, aber wir sind's nun mal) Fußball-Freunden. Auch wenn man nicht dauerhaft Kontakt hat, so spürt man eine innere Beziehung. Und unser geliebter Fußballsport, der ja unser Leben gesteuert hat, ist das beste Bindeglied. Du, lieber Peter, warst schon ein ganz Großer. Drei Mal DDR-Meister, drei Mal Pokalsieger, 352 Spiele mit 153 Toren – das ist der erste Teil Deiner Bilanz. Eine Bronzemedaille bei Olympia 1972, dann 68 Länderspiele in 15 Jahren mit 15 Toren – das ist der zweite Teil. Niemand kann Dir diese Bilanz stehlen. Und Dein Name besitzt in Gesamt-Deutschland einen wunderbaren Klang. Gesamt-Deutschland – das scheint mir besonders wertvoll, und ich gratuliere Dir dazu von ganzem Herzen.

Ob wir beide heute noch so erfolgreich Tore schießen könnten? Ich behaupte mal: Ja! Denn: Kämpfer wie Du und ich würden sich immer durchsetzen. Egal mit welchem System, egal wie die Order des Trainers lauten würde. Deine und meine Trainer propagierten ja immer eine einfache Lösung. Sie lautete: »Wenn Du nicht weißt, wohin mit dem Ball, dann hau ihn rein – also ab ins Tor. Ja, Fußball ist oft so einfach und für manche so schwer.

Lieber Peter, im Seniorenalter können wir uns das heutige Geschehen in Ruhe anschauen. Du bist deinen Weg gegangen und blickst auf eine schöne, erfolgreiche Vergangenheit zurück. Ich wünsche Dir für die Zukunft vor allem eines: Gesundheit! Herzlich – Dein Uwe Seeler.

Karlheinz Mrazek

(Sportjournalist aus Köln und Autor mehrerer Fußballbücher)

Zum ersten Mal traf ich mit Peter Ducke im Spätherbst 1996 bei einem Sportlerabend in der Gaststätte seines früheren Nationalspielerkollegen Siegmar Wätzlich in Rammenau zusammen. Und gleich nach der Begrüßung merkten wir, dass die Chemie zwischen uns stimmt. Peter Ducke war damals 55, ich acht Jahre älter. Ich war erstaunt, wie normal er trotz seiner großen sportlichen Erfolge geblieben ist. Ganz im Gegensatz zu vielen vergleichbaren Fußballgrößen war er frei von jeglichen Starallüren. Mühelos schafft er es, seine positive Lebenseinstellung auf seine jeweilige Umgebung zu übertragen. Das habe ich seit 1996 oft erleben können.

Hans Tilkowski

(Dortmunder Torwart-Legende; hütete 1966 beim WM-Endspiel im Londoner Wembley-Stadion gegen England den deutschen Kasten, als Geoffrey Hursts 3:2 – das umstrittenste Tor der Fußballgeschichte – die Bundeself auf die Verliererstraße brachte. Tilkowskis seither zigtausend Mal wiederholter Kommentar: »Das Wembley-Tor war kein Tor!«)

Lieber Peter, gerne erinnere ich mich an die Zeit unseres Kennenlernens. Es war bei einem Fußball-Hallenturnier in Braunschweig, kurz nach dem Mauerfall. Du warst mit Deiner Familie dort und unser Zusammentreffen war wie unter Sportlern: problemlos. Bis dahin kannten wir uns nur aus den Medien und aus den verfolgten Spielen bei Carl Zeiss Jena und der DDR-Nationalmanschaft oder Borussia Dortmund und der westdeutschen Nationalmannschaft. Aus dieser Begegnung ergaben sich dann weitere Treffen zum Beispiel in der Toto-Lotto-Mannschaft in Stutgart, für die ich Dich überreden und gewinnen konnte. Ich habe mich persönlich gefreut, dass der Fußball uns schnell verbunden hat – wie es die Politik nicht schafft. Der Spaß und die Freude bei vielen Spielen haben uns auch mit unseren Frauen schneller zusammengebracht. Heute freue ich mich, mit einem der bekanntesten Spieler von Jena und der DDR-Nationalmannschaft meine Freundschaft zu teilen, und hoffe, dass es noch lange so bleibt. In freundschaftlicher Verbundenheit – Dein Hans Tilkowski.

Andreas Schmidt-Schaller

(Fernsehschauspieler)

In den sechziger Jahren bin ich nach Jena zum Fußball gefahren, um Peter Ducke zu sehen – auf dem Spielfeld. Sein Laufstil, seine Dribblings – sie waren unnachahmlich; aber ich versuchte trotzdem, ihn nachzuahmen – die Daumen etwas hochhaltend, kurze schnelle Schritte und Drehungen, der Ball blieb bei ihm am Fuß kleben. Ich glaube ja, er hat seine »Töppen« vor jedem Spiel mit Leim bestrichen – das hatte ich natürlich vergessen! So konnte ich die Körperhaltung nachahmen, aber nicht seine großartige Technik – wahrscheinlich war damals schon klar, dass ich mal Schauspieler werden würde, obwohl ich zu der Zeit noch Fußballer und Sportarzt werden wollte ... Allerdings, Peter bot großes Schauspiel auf dem Rasen, nicht nur fußballerisch – wehe dem Schiedsrichter, der seiner Meinung nach eine falsche Entscheidung und womöglich noch gegen ihn traf. Dann rannte er auf den Schiedsrichter zu, blieb vor ihm stehen, die Arme nach unten gestreckt, aber die Hände zu Fäusten geballt. Ungerechtigkeit vertrug er nicht – verträgt er nicht, bis heute ... Und genau das liebten die Zuschauer an ihm, seine Unberechenbarkeit in fußballerischer und emotionaler Hinsicht, sein unbändiger Wille, den Platz als Sieger zu verlassen. – Der »schwarze Peter«, so wurde er liebevoll genannt, eine Ausnahmeerscheinung, ein Deutscher, der brasilianisch spielte.

Und dann – ich glaube, es war 2002 – wurde ich vom MDR ins »Riverboot« eingeladen, einer Talkshow. In der war ich schon mal, einige Jahre vorher. »Muss das unbedingt sein?«, fragte ich. »Und wenn es schon sein soll, dann müsst ihr auch einen Sportler einladen – einen Fußballer, am besten Peter Ducke.« – »Der ist eingeladen«, bekam ich zur Antwort. So lernte ich den warmherzigen und empfindsamen Menschen Peter Ducke persönlich kennen – wir schauten uns an, sagten »Guten Tag!«, und es war, als würden wir uns schon lange kennen. In unserem fortgeschrittenem Alter sind wir zu Freunden geworden! Eine Freundschaft, die ich nicht mehr missen möchte.

Für die Peter-Ducke-Story standen Rede und Antwort

Roland Ducke, 1934–2005
Bruder von Peter, technisch perfekter, schneller Links- und Rechtsaußen; spielte von 1955 bis 1971 für den SC Motor bzw. FC Carl Zeiss Jena, führt die »ewige Bestenliste« der Jenaer Spieler mit 481 Pflichtspielen und 88 Toren an; fünf Jahre Mannschaftskapitän, 37 Länderspiele

Lothar Kurbjuweit, geb. 1950
Abwehr und offensives Mittelfeld, kam 1970 von Stahl Riesa zum FC Carl Zeiss Jena, trug 408 mal den Zeiss-Dress, danach Trainerkarriere (u. a. Cheftrainer in Jena 1984–1989, später bei Rot Weiß Erfurt und VfB Pößneck); drei Pokalsiege, fünf mal Vizemeister mit dem FCCZ

Dieter Lange, geb. 1940
Offensiver, laufstarker Mittelfeldspieler, zwischen 1958 und 1967 266 Spiele für den SC Motor Jena, mit dem SC ein Meistertitel, ein Pokalsieg

Rolf Weidner, geb. 1936
Werkzeugmacher, 41 Jahre Stadionsprecher des FC Carl Zeiss Jena

Udo Gräfe, geb. 1940
Das »Gedächtnis des FC Carl Zeiss Jena«, Vorsitzender des Ehrenrates, seit 1955 Spieler in Nachwuchsmannschaften des SC Motor und in der Oberligareserve, später selbst als Trainer im Kinderbereich; 1976 bis 1987 Technischer Leiter des FC Carl Zeiss; Autor zweier Bücher zur Geschichte des FCCZ: »Jenas Fußball-Journal« und »Einhundert Jahre Fußball-Club Carl Zeiss Jena« (2 Bde.)

Jürgen Nöldner, geb. 1941
Stürmer, fünf Meistertitel mit dem später nach Frankfurt/Oder zwangsdelegierten ASK Vorwärts Berlin, 1966 Fußballer des Jahres, 30 Spiele für die DDR-Nationalmannschaft, heute Leiter des Berliner Büros der Fußballzeitschrift »Kicker«

Michael Strempel, geb. 1944
gefürchteter Verteidiger, zunächst Wismut Gera, 179 Spiele für den FC Carl Zeiss Jena, 15 Länderspiele

Jürgen Croy, geb. 1946
einer der besten Torhüter der DDR-Fußballgeschichte: 372 Oberligaspiele, 17 Jahre im Tor der BSG Sachsenring Zwickau, 1975 Gewinn des FDGB-Pokals, drei Mal Fußballer des Jahres (1972, 1976, 1978), 86 Länderspiele (u. a. 1976 beim Sieg bei den Olympischen Spielen in Montreal und zur einzigen WM-Endrundenteilnahme 1974 in der BRD)

Walter Jahn, 1927–2005
Ingenieur, an der Entwicklung der (Weltraum-)Multispektralkamera MKF 6 beteiligt, 1949–1980 Jugendleiter des FC Carl Zeiss (der früher BSG Zeiss, später BSG Mechanik, dann BSG Motor und 1954–1966 SC Motor hieß), einer der wichtigsten Nachwuchsförderer und Entdecker von Topp-Spielern wie Konny Weise, Andreas Krause oder Rainer Schlutter, Vater des ostdeutschen Bürgerrechtlers und TV-Jornalisten Roland Jahn, fertigte in den 90er Jahren eine Dokumentation über die Stasi-Einflüsse auf den FCCZ an

Hans-Georg Moldenhauer, geb. 1941
Dr. Ing., Torhüter des SC Aufbau (später 1. FC) Magdeburg und Junioren-Nationaltorwart, seit 1990 Mitglied des DFB-Präsidiums und Präsident des Nordostdeutschen Fußball-Verbandes, seit 1995 DFB-Vizepräsident

Hans Meyer, geb. 1942
spielte vor seiner Trainerkarriere 30 mal für den FC Carl Zeiss Jena, übernahm die Mannschaft 1971 als jüngster Trainer der DDR-Oberliga; unter seiner Führung holte der Klub drei Mal den FDGB-Pokal und stieß 1981 bis ins Endspiel des Europapokals der Pokalsieger vor; weitere Stationen als Trainer u. a. Union Berlin, Rot-Weiß-Erfurt, Chemnitzer FC, Twente Enschede, Borussia Mönchengladbach und zuletzt Hertha BSC, derzeit Fußballexperte beim DSF

Peter Palitzsch, geb. 1931
technischer Kaufmann, seit 1949 als Jenaer Fußball-Reporter unterwegs

Georg Buschner, geb. 1925
1952–1958 Spieler beim SC Motor Jena, sechs Länderspiele für die DDR; ab 1958 Cheftrainer beim SC Motor Jena, Erprobung neuer, Aufsehen erregender Trainingsmethoden (starke Betonung körperlicher Fitness), drei Meistertitel unter seiner Leitung; 1970–1981 Trainer der DDR-Nationalmannschaft

Hilmar Ahnert, geb. 1936
Abwehr und Mittelfeldspieler, zunächst SC Motor Karl-Marx-Stadt, von 1958–1966 192 Spiele für Jenas »Erste«, 1974–1980 Vorsitzender des FC Carl Zeiss Jena

Gerhard Lemke, geb. 1941
Spitzendreher und Lehrmeister, in Schönebeck Jugendfreund und Weggefährte von Peter Ducke, heute Fußball-Abteilungsleiter beim SCV Schönebeck

Siegmar Wätzlich, geb. 1947
offensiver Linksverteidiger, 139 Spiele für Dynamo Dresden (in dieser Zeit drei Meistertitel), 22 Länderspiele (u. a. bei den Olympischen Spielen 1972 und bei der WM 1974, heute Besitzer einer Gaststätte in seiner Heimatstadt Rammenau)

Bernd Stange, geb. 1948
seit 1970 im Trainerstab des FC Carl Zeiss Jena, 1978 Wechsel zum Fußballverband der DDR, 1983–1988 Trainer der Fußballnationalmannschaft, 1989–1991 wieder Trainer beim FCCZ, es folgen Stationen bei Hertha BSC und VfB Leipzig; Fortsetzung seiner außergewöhnlichen Trainerkarriere in Australien, im Oman, im Irak (2002–2004) und auf Zypern

In wichtigen Rollen außerdem

Ferenc Puskás, geb 1927
legendärer ungarischer Fußballspieler, Kapitän der ungarischen Nationalmannschaft beim »Jahrhundertspiel« gegen England (6:3) und während der WM 1954, nach Repressionen wegen der Final-Niederlage gegen Deutschland Emigration nach Spanien, Erfolge mit Real Madrid, später Trainer von Panathinaikos Athen und der ungarischen Nationalmannschaft

Wolfgang Blochwitz, 1941–2005
Torwart, spielte von 1966–1974 für Jena (vorher bereits 119 Oberliga- und EC-Spiele für SC Aufbau bzw. 1. FC Magdeburg, zwei Pokalsiege), mit dem FC Carl Zeiss Jena zwei Meisterschaften und zwei Pokalsiege; 19 Länderspiele

Karoly Soos
ungarischer Trainer, zunächst ab 1960 Berater des DDR-Fußballverbandes, dann 1961–1967 DDR Nationaltrainer

Dank

Neben all denen, die dem Autor für Interviews und Gespräche zur Verfügung gestanden oder ihn mit Hinweisen und Anteilnahme unterstützt haben, sei besonders Olaf Schmidt und Frank Aurich für die Anregung zu diesem Buch und Udo Gräfe für die vielen sachkundigen Ratschläge gedankt.

Zum Autor

Thomas Stridde, geb. 1960, Zerspanungsfacharbeiter, Diplom-Journalist, seit 1981 Mitarbeiter bei der Thüringischen Landeszeitung, ist verheiratet und hat zwei Töchter

Bildnachweis

Peter Poser | Frontispiz, 33 o. r., 34, 41, 44, 56, 69, 70 o. r., 71, 72, 86, 98 u., 99, 100, 101, 102, 103, 118 u., 119 o. l., 199 u., 121, 133, 134, 138 o. r., 138 u. l., 139 o. r., 139 m. r., 139 u. r., 140 o. l., 141 o. l., 141 m. r., 141 o. r., 150
Thomas Stridde | 15 o. r., 47, 137
Christine Jäger | 139 u. l.
Horst Richter | 122, 140 u. l., 141 u. l.
Gert Kilian | 33 o. l., 54 u.

Titelbild: Peter Poser (siehe S. 94)
Hintergrund: Der Rasen des Ernst-Abbe-Sportfeldes Jena im September 2005 (Foto Peter Poser)

Wir haben uns bemüht, alle Rechte-Inhaber ausfindig zu machen. Sollte uns das nicht in jedem Fall gelungen sein, bitten wir um Benachrichtigung des Verlages.

Bibliografische Information der deutschen Bibliothek: Die Deutsche Bibliothek verzeichnet diese Publikation in der Deutschen Nationalbibliografie, detaillierte bibliografische Daten sind unter http://dnb.ddb.de abrufbar.

Eine Produktion in Zusammenarbeit mit der Thüringischen Landeszeitung

Jena 2005
Glaux Verlag Christine Jäger KG

Titelgestaltung: Kraft + Wiechmann
Lektorat: Helge Pfannenschmidt
Druck: Gutenberg Druckerei Weimar
ISBN: 3-931743-91-8

FC CARL ZEISS JENA
FC CARL ZEISS JENA
FC CARL ZEISS JENA
FC CARL ZEISS JENA
SUPER JENA
callme
callme
1903
Ibiza